SPROSSEN
KEIMLINGE
MIKROGRÜN

LINA
WALLENTINSON

SPROSSEN
KEIMLINGE
MIKROGRÜN

FOTOS: LENNART WEIBULL

INHALT

GÄRTNERN FÜR UNGEDULDIGE

Obst und Gemüse ziehen im Lebensmittelgeschäft alle Blicke auf sich: Die temperamentvollen Radieschen, glänzenden Äpfel und sonnigen Zitronen verlangen ungeniert nach Aufmerksamkeit.

Am Regal mit den getrockneten Linsen, den Bohnen und Erbsen ist man dagegen schnell vorbeigehuscht. Gelegentlich legt man ein Päckchen rote Linsen für eine schnelle Suppe in den Wagen, aber gelbe Erbsen und diese olivgrünen Mungbohnen – wozu sollen die gut sein?

Ungefähr so erging es jedenfalls mir. Und dabei bin ich Foodjournalistin. Als ich beauftragt wurde, einen Artikel über Bohnen und Erbsen zu schreiben, musste ich wohl oder übel etwas länger vor dem Regal aushalten. Halbherzig drehte und wendete ich die Päckchen mit Samen in gedämpften Farbtönen von Braun über Gelb bis zu einem sanften Grün und einem verhaltenen Orange.

Dann, je mehr ich mich in das Thema einlas, geschah etwas. Auf einmal betrachtete ich die Sache aus einem neuen Blickwinkel. Ließ sich hier nicht viel mehr Leben finden als in der Gemüsetheke? Noch ruhten sie, aber in all den Päckchen warteten Hunderte kleiner Samen nur darauf auszutreiben. So begann ich, aus Liebe zum Leben, Keimlinge und Sprossen zu ziehen. Manche wuchsen geradezu ungestüm, schmeckten dann aber nur einigermaßen, bei anderen passierte gar nichts. Die meisten jedoch ließen sich überraschend einfach in köstliche Keimlinge und knackige Sprossen verwandeln.

Eine schlichte Tüte Mungbohnen sehe ich jetzt in ganz anderem Licht: Mit dieser Königin unter den Keimsaaten hat man garantiert jedes Mal Erfolg. Nach nur vier Tagen wogt am Fenster ein Meer aus knackfrischen Keimsprossen, die sich ohne Umschweife in jedes Pad Thai oder Wok-Gericht

werfen lassen. Und dann die Erbse – diese anspruchslose Trockenspeiseerbse, die wie ein hässliches Entlein innerhalb von zwei Wochen zum entzückendsten Spross der Stadt heranwächst! Ganz zu schweigen von den Linsen, die in zwei, drei Tagen so ein leckeres kleines Wirrwarr entstehen lassen.

Hat man erst einmal angefangen, das in den Trockensortimenten verborgene Leben zu erkennen, wird man immer mehr Keimsaaten entdecken. Den knochentrockenen Buchweizen etwa, der mit etwas Zuwendung und viel Wasser schnell zu hübschen dreieckigen Sämlingen mit zaghaften, kleinen Keimchen aufquillt, nur um einen Salat aufblühen zu lassen oder einem Smoothie den entscheidenden Kick zu geben. Schließlich die Sonnenblumenkerne, die so schnell anspringen, dass man die Keime fast schon hervortreten sieht, kaum dass die Kerne eingeweicht sind.

Ich habe zwar einen eigenen Garten, aber ihn auch wirklich zu bestellen ist mir nie gelungen. Alles geht so langsam. Wochenlanges, womöglich monatelanges Warten, und dann kann man noch nicht einmal sicher sein, dass auch etwas daraus wird? Nein, das ist nichts für mich. Aber Keime und Sprossen wachsen schnell und reichlich und sind echtes Essen! Der Traum eines jeden ungeduldigen Gärtners.

EIGENER ANBAU IM HANDUMDREHEN

Ob Keimlinge, Sprossen oder Microgreens: Aller Anfang liegt in einem kleinen, trockenen Samenkorn, das – gerät es in feuchte Umgebung – zu wachsen beginnt. In nur wenigen Tagen arbeitet sich eine frische Spitze hervor und schon kann der Keimling aufgeknabbert werden. Darf sich der Keim weiterentwickeln, wird er zur Grünsprosse. Anders als Keimlinge, die man im Ganzen isst, schneidet man die Sprossen ab und verzehrt nur Stängel und Blätter, denn Samen und Wurzeln haben nun das Ihre getan. Immer häufiger wird inzwischen für Grünsprossen das englische Wort *microgreens* verwendet, gemeint ist damit im Grunde das Gleiche.

Man kann aus allen Saaten Keimlinge ziehen, zu keimen ist schließlich der Sinn von Samen. Für dieses Buch habe ich Saaten ausgewählt, die nicht nur zuverlässig keimen, sondern auch, wie ich finde, die leckersten Keimlinge und Sprossen hervorbringen. Außerdem sollten sie leicht zu bekommen sein, also ohnehin zu den Lebensmitteln zählen, die jeder gut sortierte Laden vorrätig hält. Allerdings konnte ich doch nicht auf die eine oder andere Sorte verzichten, selbst wenn Sie sie möglicherweise über Onlineshops beziehen müssen – manche Sprossen sind eben einfach zu köstlich! Mit ihrer frischen Schärfe machen sie beinahe süchtig.

Für speziell entwickelte Sprossen-Keimsaaten wird gewöhnlich die Keimrate (englisch *germination rate*) in Prozent angegeben, also der Anteil der Saat, der garantiert aufgehen wird. Dieser Wert sollte möglichst über 90 % liegen. Bei Samen, die eigentlich als Lebensmittel gehandelt werden, also zum Beispiel bei Linsen, Erbsen und Buchweizen, kann die Keimrate schwanken. Nach meiner Erfahrung ist sie in den meisten Fällen zwar ausreichend, dennoch sollten Sie beim Kauf darauf achten, dass das Mindesthaltbarkeitsdatum

nicht überschritten ist, und jüngeren Packungen den Vorzug geben. Trockene Saat hält natürlich lange, doch die Keimfähigkeit kann mit der Zeit oder aufgrund zu hoher Lagertemperaturen abnehmen. Da die tatsächlichen Lagerbedingungen schwer einzuschätzen sind, verlassen Sie sich besser nicht auf länger lagernde Päckchen.

Ob Sie Saat aus ökologischer oder konventioneller Produktion bevorzugen, hat keinen Einfluss auf die Keimrate.

Keimlinge und Sprossen liegen als gesundes *Super Food* sogar noch vor den Saaten selbst. Es geschieht nämlich einiges auf dem Weg vom Samen zum Sämling. Der trockene Samen schützt sich auf jede denkbare Weise davor, zu früh verdaut zu werden, geradezu krampfhaft hält er an seinen Mineralstoffen und Vitaminen fest. Doch mit der Keimung setzt fieberhafte Aktivität ein: Energisch durch neu erwachte Enzyme unterstützt, wird die Nahrung umgewandelt. Der werdende Spross setzt alles auf Wachstum, er hat den Schutzmodus endgültig verlassen. Alle Schilde werden heruntergefahren, die Nährstoffe so für uns leichter zugänglich. Gleichzeitig nimmt die Menge an Ballaststoffen und einigen Vitaminen zu – es scheint an Zauberei zu grenzen, aber in einem keimenden Saatkorn, in dem zuvor kein Vitamin C vorhanden war, maximiert sich dessen Gehalt in wenigen Tagen.

Das Schöne an Keimlingen und Sprossen ist, dass sie das ganze Jahr über angebaut werden können. Bei durchschnittlicher Zimmertemperatur kümmert sie die Jahreszeit überhaupt nicht. Und das Licht? Für Keimlinge spielt es nicht die geringste Rolle, am liebsten haben sie es dunkel. Gar nicht so verwunderlich, wenn man überlegt, wo sie wachsen würden, könnten sie selbst darüber bestimmen – in der Erde.

Grünsprossen dagegen brauchen eine gewisse Menge Licht, obwohl sie selbst in dieser Hinsicht erstaunlich unkom-

pliziert sind. Egal, ob Sie eine nach Süden ausgerichtete Veranda oder nur ein winziges Fensterchen nach Norden haben, auf Microgreens müssen Sie nicht verzichten. Sprossen sind clever und nutzen alles Licht aus, das sie bekommen können. Verglichen mit einer Pracht-Pelargonie, die in Nordlage den Kopf hängen lässt, lässt sich eine Sprosse kaum etwas anmerken. Steht sie nur nah genug am Fenster, können Sie nach ein bis zwei Wochen ihr chlorophyllreiches Grün ernten. Es ist einfach toll, im tiefsten Winter zarte Erbsenranken direkt in die Salatschüssel zu schneiden. Oder vor dem Fenster den Schnee fallen zu sehen, während man frisch geerntete Brokkolisprossen über das Frühstücksbrot streut.

Keimlinge und Sprossen sind preiswerte Rohkost, denn getrocknete Erbsen, Bohnen und Linsen kosten nicht viel. Auch Sonnenblumenkerne, Buchweizen- und Alfalfasamen sind nicht besonders teuer, und beim Keimen nimmt ihr Volumen zu: 100 ml (ca. 75 g) Trockenspeiseerbsen ergeben 700 ml (ca. 300 g) Keimlinge, Spitzenkraft Alfalfa schlägt das Ergebnis noch.

Ein Päckchen Rucola-, Brokkoli- oder Radieschensaat mag kostspielig erscheinen, da es aber so ergiebig ist, erhält man am Ende doch einen günstigen Salat: Ein ganzes Tablett voller frohwüchsiger Sprossen erfordert nur zwei Esslöffel Saat.

Es braucht wohl kaum erwähnt zu werden, dass selbst gezogene Keimlinge und Sprossen ausgesprochen umweltverträgliches Essen darstellen: Trockene Saaten in den Lebensmittelhandel zu liefern ist energiesparend, zu Hause wird nur noch Wasser benötigt und schließlich landet die Ernte direkt auf dem Teller – wenn Ihnen regionaler Anbau wichtig ist, werden Sie den eigenen Anbau lieben!

Mungbohnen bringen ebenso köstliche Keimlinge wie Sprossen hervor.

VOM WUNDERMITTEL ZUR ARMENSPEISE –
DIE GESCHICHTE DER KEIMSPROSSEN

Die Suche nach traditionellen Rezepten mit Keimsprossen führt ohne Umwege nach Asien – keine Überraschung also, dass essbare Keimlinge von dort aus den Weg zu uns angetreten haben. Sojakeime werden bereits in einem chinesischen Text aus dem 3. Jahrhundert n. Chr. erwähnt. Damals galten getrocknete Keimlinge als Medizin. In einem bekannten medizinischen Werk beschreibt der chinesische Arzt Li Shizhen am Ende des 16. Jahrhunderts die Wirkung von Keimsprossen als entzündungshemmend, antirheumatisch, abführend und körperlich aufbauend.

Gut dokumentiert ist der Handel von Keimlingen auf chinesischen Märkten seit Beginn des 20. Jahrhunderts. Speziell im kalten Norden Chinas machten sie im Winter einen wichtigen Teil der Ernährung aus, wenn es an anderem Gemüse fehlte.

In der westlichen Welt haben frische Keimsprossen keine Tradition auf dem Speiseplan, wohl aber in der Herstellung von Bier und Spirituosen. Dafür werden Getreidekörner gemälzt, das heißt eingeweicht und zur Keimung gebracht, sodass die Enzyme im Korn angeregt werden und Stärke zu Malzzucker abbauen. Malz findet auch in Broten und natürlich in Malzbier Verwendung.

Gekeimte Samen haben in der westlichen Welt aber auch im Kampf gegen Skorbut eine Rolle gespielt. Die Krankheit

Keimlinge von Adzukibohnen, roten Linsen und Mungbohnen im Sprossenturm.

war einer der großen Schrecken der Seefahrt: Zahnausfall, Muskelschwund und schließlich der Tod konnte die Hälfte aller Seeleute an Bord heimsuchen, wenn sie viele Monate auf See verbrachten. Es sollte lange dauern, bis Vitamin-C-Mangel als Ursache erkannt wurde. Der berühmte britische Entdecker James Cook probierte auf seinen Fahrten in der zweiten Hälfte des 18. Jahrhunderts jedes denkbare Nahrungsmittel aus, um dieses Problem zu lösen. Und wurde tatsächlich fündig: Unter anderem erwies sich gekeimter Weizen als wirksam gegen Skorbut in frühen Stadien. Weizen bildet während der Keimung Vitamin C.

In den USA entwickelte sich ein besonderes Interesse an Keimlingen während des Zweiten Weltkriegs. Die Sorge, dass dieser wie in Europa zu einem Mangel an Fleisch und Milchprodukten führen würde, stieß die intensive Erforschung anderer Proteinquellen an. Schließlich konnte man gekeimte Saaten, Körner und Bohnen, insbesondere Sojabohnen, als Alternative präsentieren, und der Staat investierte große Summen in den Druck und die landesweite Verbreitung von Büchern über das Ziehen und die Zubereitung von Keimsprossen. Doch zu einem Proteinmangel kam es nicht mehr, und als der Krieg 1945 vorüber war, hatten die meisten ihre Bücher im Schrank verstaut.

Ab Mitte der 1960er-Jahre flammte das Interesse wieder auf, in den 70er-Jahren befeuert durch die grüne Welle, den Trend zum Selbstmachen, das gestiegene Umweltbewusstsein und den Vegetarismus. Ende der 1960er-Jahre eröffnete Ann Wigmore ihr erstes Gesundheitsinstitut in den Vereinigten Staaten. Die von ihr begründete Gesundheitslehre von der »Lebendigen Nahrung« (»Living Food«) kann als Vorläuferin von Rohkost und *Raw Food* betrachtet werden. Keim- und Grünsprossen waren ein wichtiger Baustein in Wigmores Konzept einer gesundheitsfördernden Ernährung.

All dies lebt im gegenwärtigen Raw-Food-Trend fort. Für all jene, die ihr Essen nicht erhitzen möchten, ist das Einweichen- und Keimenlassen selbstverständlich eine sehr clevere Methode, Nährstoffe zugänglich zu machen.

In jüngeren Jahren haben Sprossen als Gemüse die Aufmerksamkeit auf sich gezogen und werden unter dem Begriff *Microgreens* populär. Zuerst haben die Köche die Grünsprossen für sich entdeckt, hauptsächlich wegen der Optik. Mit ein paar lockigen Erbsenschößlingen oder winzig kleinen Rucola-Blättchen wird inzwischen jedes Gericht aufgehübscht.

Und schließlich wurde mit *Urban Gardening* das Gärtnern in den Innenstädten als neuer Trend verkündet. Egal wie klein der Flecken, wie eng die Wohnung, wie winzig die Fenster – irgendetwas gedeiht immer. Warum nicht ein paar zarte, grüne Sprossen?

Getrockneter Mais bringt rosa-grüne Sprossen von intensiver Süße hervor.

VOM SAMEN ZUM KEIMLING –
WAS MIT DEN
NÄHRSTOFFEN GESCHIEHT

Samen sind kleine Nährstoffbomben, prall gefüllt mit Proteinen, Ballast- und Mineralstoffen. Die Krux ist nur, dass ihnen nicht besonders daran gelegen ist, ihre Ladung freizugeben. Einem eingebauten Plan folgend, soll sich der Samen zu einer großen, kräftigen Pflanze entwickeln. Noch im Samenstadium aufgegessen zu werden wäre da ein schöner Reinfall! Raffinierte Mechanismen binden die Nährstoffe und machen es Menschen so schwer, sie zu nutzen. Doch indem wir es einweichen und keimen lassen, können wir dem Saatkorn vorgaukeln, dass nichts zu befürchten sei. Bedauerlich für das Saatkorn – schön für uns. Der Samen öffnet sich und beginnt zu wachsen. Der Nährstoffgehalt steigt an und wird verfügbar. Gleichzeitig werden Stoffe abgebaut, mit denen sich der Samen beispielsweise gegen Insekten schützt und die für uns unbekömmlich sein können.

Enzyme

In der Natur ruhen die trockenen Samen und in ihrem Inneren »schlafen« alle Enzyme, die beim Start ins Leben benötigt werden. Enzyme sind ganz einfach Stoffe, die chemische Reaktionen ermöglichen und beschleunigen. Bei Kontakt mit Wasser – und bei geeigneter Temperatur – setzt das Saatkorn alles daran, zur Pflanze heranzuwachsen. Die schlafenden Enzyme erwachen zum Leben. Zusammen mit Enzymen, die während der Keimung neu gebildet werden, machen sie die im Samen enthaltenen Nährstoffe verwertbar.

Proteine, Fette und Kohlenhydrate

Energie lagert im Samen in Form von Proteinen, Fetten und Kohlenhydraten. In Chiasamen, Sonnenblumenkernen und Sesam zum Beispiel dominieren die Fette, die bis zu 50 % ausmachen können. Samen von Leguminosen dagegen, also etwa gelbe Erbsen, Linsen und Mungbohnen, enthalten nur rund 1 % Fett, dafür aber mehr Kohlenhydrate, genauso wie die Pseudogetreide Quinoa und Buchweizen. Der Proteingehalt von Saat liegt generell zwischen 10 und 25 %, hier führen die Hülsenfrüchte die Liste an. Der Keimungsprozess erfordert natürlich viel Energie und lässt den Kaloriengehalt insgesamt sinken. Die Kohlenhydrate werden zu Einfachzuckern abgebaut. Da diese vom Blut schneller aufgenommen werden, könnte man annehmen, dass der Verzehr von Keimsprossen den Blutzuckerspiegel ansteigen lässt (ein Hinweis auf einen hohen glykämischen Index, GI). Doch die wenigen vorliegenden Studien zeigen vielmehr eine positive Wirkung auf den Blutzuckerspiegel, also einen niedrigen GI für Keimsprossen. Vermutlich trägt der Anstieg an Phenolen (s. Schutzstoffe, S. 19) und wasserlöslichen Ballaststoffen (s. S. 16) während der Keimung dazu bei.

Die Proteine werden im Keimungsprozess zu freien Aminosäuren abgebaut.

Der Fettgehalt im keimenden Samen sinkt umso mehr, je länger man seine Entwicklung andauern lässt: Verglichen mit einem Sonnenblumenkern, dessen Energie zur Hälfte in Form von Fett gespeichert ist, ist ein Sonnenblumenspross nahezu fettfrei.

Vitamine

Während der Keimung steigt auch der Gehalt vieler Vitamine. So hat sich gezeigt, dass zum Beispiel die B-Vitamine wie Riboflavin und Folat (als synthetisches Nahrungsergänzungsmittel »Folsäure« genannt) enorm zunehmen können. Riboflavin findet sich in kleinen Mengen in den meisten Lebensmitteln, besonders aber in Fleisch. Dieses Vitamin ist am Abbau von Kohlenhydraten, Fett und Proteinen beteiligt.

Folat unterstützt die Bildung von Zellen und roten Blutkörperchen. Große Bedeutung hat dieses Vitamin in der Schwangerschaft und im Wachstum.

Auch zusätzliches Vitamin A wird beim Keimen gebildet, oder vielmehr Karotin, ein Stoff, der im Körper in Vitamin A umgewandelt wird. Gebraucht wird es für die Funktionen von Augen, Haut und Schleimhäuten und ist in der embryonalen Entwicklung wichtig.

Was nun das Vitamin C betrifft, so ist es in den meisten Saaten am Anfang überhaupt nicht vorhanden, sondern wird erst während der Keimung gebildet. In Versuchen mit Buchweizen- und Quinoasamen, denen Vitamin C vollständig fehlt, wurden nach zwei oder drei Tagen Keimung Werte von 24 bzw. 7 mg je 100 g Keimsprossen erreicht. Zum Vergleich: Die empfohlene Zufuhr sind 95–110 mg Vitamin C pro Tag. Das Vitamin wirkt im Körper als Antioxidans und unterstützt den Aufbau von Knorpel- und Knochengewebe. Vitamin-C-Mangel ist heute in Europa sehr selten.

Ein weiteres Antioxidans, das ebenfalls während des Keimprozesses gebildet werden kann, ist das Vitamin E. Es dient dem Schutz unseres Gewebes.

Hinsichtlich des Vitamins B12 haben Keimlinge allerdings wenig anzubieten. Wir nehmen es durch tierische Lebensmittel auf, insbesondere Veganer sollten dies bedenken. Das Missverständnis, Keimlinge wären eine B12-Quelle, hängt womöglich damit zusammen, dass das Vitamin von Bakterien gebildet wird, und die können auf Keimlingen auch gedeihen (s. S. 20). Wünschenswert ist das freilich nicht, denn man

Keimlinge sind flink: In nur zwei bis vier Tagen lassen rote Linsen ein knuspriges Wirrwarr entstehen!

möchte nicht riskieren, dass auch die Menge schädlicher Bakterien zunimmt.

Mineralstoffe

Samen enthalten viele verschiedene Mineralstoffe, zum Beispiel Eisen, Magnesium, Zink und Kalzium. Und an diese Kostbarkeiten klammern sie sich: Mithilfe von Phytinsäure binden die Samen die Mineralstoffe und erschweren uns deren Resorption, wenn wir Körner essen. Während der Keimung aber wird aus dem Phytinsäuremolekül Phosphor freigesetzt, um den Bedarf der heranwachsenden Pflanze zu decken. Je mehr Phosphor herausgelöst wird, umso schlechter bindet sich die Phytinsäure an die anderen Mineralstoffe. So werden auch diese für die junge Pflanze verwertbar – und damit für uns, wenn wir Keimsprossen essen!

Mineralstoffe unterstützen alle denkbaren Prozesse im Körper. Wir benötigen sie nicht in großen Mengen, aber zuführen müssen wir sie uns.

Ballaststoffe

Ballaststoffe erhalten wir aus pflanzlichen Lebensmitteln. Sie werden grob in wasserlösliche und wasserunlösliche eingeteilt, wobei erstere in Flüssigkeit löslich sind und gelieren. Denken Sie etwa an das Verhalten von Haferflocken, wenn man sie zu Brei kocht, oder an Leinsamen, die in warmes Wasser eingerührt werden. Auch das Pektin aus Obst und Beeren ist ein Beispiel für wasserlösliche Ballaststoffe.

Wasserunlösliche Ballaststoffe finden sich beispielsweise in verschiedenen Samenschalen.

Die Menge löslicher wie unlöslicher Ballaststoffe kann in ein und demselben Lebensmittel variieren.

Durch die Keimung vergrößert sich die Menge wasserlöslicher Ballaststoffe, während die unlöslichen reduziert werden, insgesamt aber erhöht sich der Ballaststoffgehalt.

Sowohl wasserlösliche als auch wasserunlösliche Ballaststoffe verleihen unserem Essen Volumen: Die löslichen geben ein angenehmes Sättigungsgefühl, indem sie die Nährstoffaufnahme verzögern und den Blutzuckerspiegel niedrig halten (niedriger GI-Wert); die unlöslichen entfalten ihre Wir-

kung etwas später im Verdauungsprozess und regen die Darmtätigkeit an.

Gasförmige Stoffe

Hülsenfruchtsamen wie Bohnen, Linsen und Erbsen enthalten Stoffe, die Gase entwickeln und Blähungen hervorrufen können. Sie heißen Oligosaccharide und gehören zu der Sorte von Kohlenhydraten, mit denen unsere Verdauungsenzyme nicht gut fertigwerden. Solche Stoffe werden unverdaut in den Darm weiterbefördert, wo sie jedoch den Darmbakterien als Festmahl höchst willkommen sind. Zum Dank dafür bilden die Bakterien Methangas, Kohlendioxid und Schwefelsäure – entweichende Gase, sozusagen.

Um die Gas bildenden Stoffe zu reduzieren, wird gewöhnlich das Einweichen unter mehrfachem Wasserwechsel empfohlen. Beim Keimen nimmt ihre Konzentration weiter ab und nach zwei bis sechs Tagen Keimung können sie nahezu vollständig abgebaut sein.

Schutzstoffe

Unter dem Sammelbegriff Antioxidantien verstehen wir Stoffe, die unseren Körper vor Zellschäden und zerfallenden, ranzig werdenden Fetten zu bewahren helfen. Während der Keimung kann der Gehalt an Antioxidantien im Samen erheblich ansteigen, um bis zu 2.000 %. Zum einen beruht dies auf dem zunehmenden Vitamingehalt: Die Vitamine C, E und Karotin (die Vitamin-A-Vorstufe) sind ihrerseits Antioxidantien. Zum anderen hängt dies mit dem gleichzeitigen Anstieg des Phenolgehalts zusammen. Phenole kommen in allen pflanzlichen Nahrungsmitteln vor, sie geben Geschmack, Duft und Farbe. Ihre eigentliche Aufgabe ist jedoch, die Pflanze vor Fressfeinden zu schützen. Unter anderem aufgrund ihrer entzündungshemmenden, antioxidativen, blutzucker- und cholesterinsenkenden Eigenschaften wird den Phenolen eine positive Wirkung bei Herz-Kreislauf-Erkrankungen, Krebs, Diabetes und Allergien zugeschrieben.

Linsenkeimlinge haben sich zu grünen Sprossen weiterentwickelt.

Wie gesagt gibt der Samen sein Bestes, um nicht zum Beispiel von Insekten aufgefressen zu werden. Es gibt also weitere Abwehrstoffe, wie etwa die Lektine, die vor allem in Bohnen zu finden sind und Menschen die Aufnahme unter anderem von Proteinen erschweren können. In hohen Dosen können Lektine Übelkeit, Magenschmerzen und in schweren Fällen eine Lebensmittelvergiftung verursachen. Neben braunen, weißen und schwarzen Bohnen enthalten zum Beispiel Kidney- und Feuerbohnen besonders viel Lektin. Glücklicherweise ist dieser Stoff wärmeempfindlich und verschwindet beim Kochen. Aber auch der Keimvorgang beeinflusst den Lektingehalt: Je weiter sich die Sprossen entwickeln, desto weniger Lektin bleibt zurück. Trotzdem sollten Sie Keimlinge der oben genannten Sorten immer kochen.

Linsen, gelbe und grüne Erbsen, Kichererbsen, Mung- und Adzukibohnen enthalten nur geringe Mengen Lektin. Sprossen aus diesen Saaten müssen also nicht erhitzt werden, um die Lektine zu zerstören. Andererseits möchten Sie einige von ihnen vielleicht doch kochen, um ihren Geschmack zu verbessern.

Sojabohnen stellen eine eigene Klasse dar, denn sie enthalten zwar nicht viel Lektin, dafür aber umso mehr Trypsin-Inhibitoren, eine Stoffgruppe, die die Resorption von Nährstoffen ebenfalls stören kann. Trypsin-Inhibitoren werden durch die Keimung abgebaut, dennoch sollte man sich angewöhnen, Sojakeimlinge immer 15 Minuten zu erhitzen.

Ein weiterer Schutzstoff mancher Saaten ist das Saponin in der äußersten Schale von beispielsweise Quinoa- und Hirsesamen. Saponine haben einen bitteren Geschmack, der sich durch gründliches Spülen mit Wasser schnell verliert. Heute erledigen die Produzenten dies häufig schon vor dem Verkauf und falls nicht, erkennt man die Saponine daran, dass das Spülwasser schäumt – aufgrund dieser Eigenschaft finden Saponine in Seifen und Waschmitteln Anwendung und wurden nach dem lateinischen *sapo* (»Seife«) benannt.

Falls Sie andere Saaten keimen lassen als die, die in diesem Buch beschrieben werden, informieren Sie sich genau, was es hinsichtlich etwa der Lektine und der Zubereitung zu beachten gilt.

Vom Keimling zum Spross

Wenn die Keimlinge zu Sprossen heranwachsen und ans Licht gestellt werden, beginnt ein neuer Prozess. Mithilfe der Sonnenstrahlen wandelt der Spross Wasser und Kohlendioxid aus der Luft in energiereiche Kohlenhydrate und Sauerstoff um. Stängel und Blättchen beginnen zu grünen. Faszinierend, wie schnell das geschieht: Nach kaum einer halben Stunde kann man den Farbwechsel erkennen. Das liegt am Chlorophyll, das nun gebildet wird. Chlorophyll bildende Zellen sind kleine Kraftwerke, die gewonnene Energie wird in Form von Kohlenhydraten gespeichert und steht für das Wachstum zur Verfügung.

Genau wie Obst und Gemüse enthalten auch Sprossen Schutzstoffe wie Vitamin C und andere Antioxidantien, und zwar, wie die wenigen vorliegenden Studien zeigen, verglichen mit dem voll ausgewachsenen Gemüse oft in höherer Konzentration. Allerdings sollte man bedenken, wie viel von den luftig zarten und zuweilen recht geschmacksintensiven Sprossen man tatsächlich isst. Es ist wohl doch einfacher, 100 g Radieschen zu verspeisen (ca. 10 Stück) als 100 g Radieschensprossen.

Pflanzliche Lebensmittel enthalten Tausende von Substanzen, die sich auf unsere Gesundheit auswirken, und noch immer kennen wir nur einen Bruchteil von ihnen. Ohne ihre Bedeutung übertreiben zu wollen, kann man doch festhalten, dass Antioxidantien und andere Schutzstoffe aus Keimlingen und Sprossen eine schöne Nahrungsergänzung darstellen.

Sicherheit und Hygiene

Keimlinge und Sprossen gedeihen am besten bei Zimmertemperatur und feuchter Luft – leider trifft das auch auf Schimmel und Bakterien zu. Bei der Sprossenzucht ist daher Vorsicht geboten: Waschen Sie sich grundsätzlich die Hände, bevor Sie trockene oder keimende Saaten anfassen. Generell sollten Sie allen unnötigen Kontakt mit den Händen vermeiden.

Spülen Sie die Saat vor dem Keimen immer gründlich. Sortieren Sie eventuell beschädigte Samen, Steinchen und andere Fremdkörper aus. Spülen Sie nochmals nach dem Einweichen. Kontrollieren Sie wiederholt: Samen die seltsam aussehen, nicht gequollen sind oder eine andere Farbe haben, müssen Sie wegwerfen. Sie könnten verderben und die austreibenden Samen daneben »anstecken«.

Spülen Sie auch während der Keimung immer sorgfältig mit kaltem Wasser.

Alle Anzuchtgefäße müssen absolut sauber sein. Reinigen Sie sie nach Gebrauch am besten bei hoher Temperatur in der Spülmaschine. Oder stellen Sie sie bei 100 °C für eine Viertelstunde in den Ofen.

Weder Erde noch Papier dürfen für die Anzucht zu feucht sein, sonst entsteht Schimmel. An warmen Sommertagen oder bei schlechter Lüftung sollten Sie einmal mehr hinschauen. Vergessen Sie aber nicht, dass viele Keimlinge anfangs winzige Wurzelfäden ausbilden. Dieser weiße Flaum kann leicht mit Schimmel verwechselt werden. Das gilt zum Beispiel für Radieschen-, Sonnenblumen-, Brokkoli- und Senfsprossen.

Fertige Keimlinge und Grünsprossen müssen verpackt im Kühlschrank aufbewahrt werden. Die Verpackung sollte etwas geöffnet bleiben, damit Luft zirkulieren kann. Natürlich sollten alle Sprossen so schnell wie möglich gegessen werden. Wie lange genau sich Sprossen im Kühlschrank halten, lässt sich schwer sagen. Trauen Sie Ihren Sinnen: Sehen die Pflänzchen schön frisch aus? Ist der Duft in Ordnung? Und schließlich: Schmecken sie wie gewohnt?

Sind Sie unsicher, ist es das Beste, die Keimlinge und Sprossen durch Kochen, Braten oder Frittieren zu erhitzen. Bakterien sterben ab ca. 70 °C ab.

Die meisten Bakterien, die auf Keimlingen siedeln, sind für uns unbedenklich. Dennoch hat es mehrere Vorfälle gegeben, bei denen Sprossen als Übeltäter verdächtigt wurden. Es handelte sich allerdings um kommerziell angebaute Sprossen, auf denen Salmonellen oder Colibakterien nachgewiesen wurden. Bakterien können nur durch belastete Saat oder verunreinigtes Spülwasser auf die Sprossen gelangen.

Als Maßnahme gegen gefährliche Bakterien pasteurisieren die Produzenten ihre Saaten mit Dampf. In Schweden wird zur Dekontamination von Saatgut auch Wasserstoffperoxid eingesetzt (in Deutschland ist dies nicht üblich, Anm. d. Übers.). Einige Saaten kann man zu Hause auch selbst pasteurisieren, wenn man ganz sichergehen will.

Pasteurisieren

Durch Pasteurisierung der Saat werden eventuell auf ihrer Oberfläche vorhandene Bakterien abgetötet. Die Samen werden dazu ganz einfach für eine halbe Minute in heißes Wasser getaucht.

Große Saatkörner, etwa Mungbohnen oder Kichererbsen, lassen sich auf diese Weise problemlos pasteurisieren: Das heiße Wasser tötet die Bakterien schneller, als es in den Samen eintreten und seine Keimfähigkeit beeinträchtigen kann.

Kleine Samen sind empfindlicher und es ist nicht sicher, dass es Ihnen gelingt, sie zu erhitzen, ohne ihre Lebenskraft zu zerstören. Außerdem sind einige der feinkörnigen Saaten bei Kontakt mit Wasser gelbildend (zum Beispiel Chia, Rucola und Senf), sodass sie sich kaum pasteurisieren lassen.

So pasteurisieren Sie:

1. Wasser in einem großen Topf zum Kochen bringen.
2. Den Topf vom Herd ziehen. Ein Thermometer ins Wasser halten.
3. Eiskaltes Wasser in ein großes Gefäß füllen.
4. Die Saat in ein Sieb geben, gründlich unter fließend kaltem Wasser spülen.
5. Wenn das Thermometer 80–85 °C anzeigt, die Saat im Sieb für 30 Sekunden in den Topf senken und umrühren, sodass alle Samen in Kontakt mit dem heißen Wasser kommen.
6. Das Sieb mit den Samen herausheben und direkt in das eiskalte Wasser ausleeren. Umrühren, sodass alle Samen sofort abkühlen können. 5 Minuten stehen lassen.
7. Die Saat durch ein Sieb abgießen und abtropfen lassen, dann ist sie für die Anzucht von Keimlingen oder Sprossen bereit.

Buchweizen keimt bequem in einem Sieb.

KEIMLINGE

Frische Keimsprossen zu ziehen ist einfach und geht superschnell:
Ein Durchschlag, ein Sieb oder ein großes Vorratsglas ist alles, was Sie
dazu brauchen. Weichen Sie eine Handvoll Saat ein und schon geht's los!
Genießen Sie die Keimlinge pur, geben Sie sie zum Smoothie in den
Mixer, verbacken Sie sie im eigenen Brot, braten Sie sie in Falafeln oder
rollen Sie sie zu saftigen Kokos- und Kaffeebällchen.

Keimlinge sind wirklich genau das Richtige für alle, die ungeduldig sind und dennoch gerne gärtnern wollen. Wenn man hier überhaupt von Gärtnerei sprechen kann ... Einweichen, dann nur noch ein paar Tage spülen, mehr wird nicht verlangt. Aber es bringt Spaß und alles wächst – und zwar schnell!

Keimlinge kann man im Ganzen essen, den Samen samt sprießendem Keim. Im Gegensatz dazu lässt man Grünsprossen Stängel und Blätter entwickeln.

Ich habe hier größtenteils Leguminosenkeimlinge ausgewählt, denn Linsen, Bohnen und Erbsen keimen besonders gut, sind lecker und sättigend und eignen sich für die Zubereitung verschiedener Gerichte (und zwar nicht nur als Dekoration). Aber auch Quinoa, Buchweizen und Sonnenblumen gehören zu meinen frohwüchsigen Favoriten.

Einweichen

Um Samen zum Leben zu erwecken, reicht es bei den meisten Sorten aus, sie kurz (oder etwas länger) einzuweichen. Sie nehmen das Wasser auf, schwellen an und bereiten sich auf die Keimung vor.

Beginnen Sie immer damit, die Saat in einem Durchschlag abzuspülen (sehr kleine Körner in einem feinmaschigen Sieb), um gegebenenfalls Staub und Schmutz zu entfernen. Geben Sie sie danach in ein Gefäß, eine Schale oder Dose, und füllen Sie kaltes Wasser auf. Manche Samen quellen erstaunlich stark auf, deshalb sollten Sie reichlich Wasser nehmen, mindestens dreimal so viel wie Saat. Kleinere Samen müssen meist nicht sehr lange einweichen. Größere Körner wie Erbsen und Bohnen brauchen mehrere Stunden, bevor sie so weit sind. 24 Stunden im Wasser können durchaus vorteilhaft sein. Ich selbst lasse alle Samen, kleine und große, einfach über Nacht einweichen. Machen Sie sich keine Gedanken, sie verderben nicht.

Gewöhnen Sie sich an, die Samen nach dem Einweichen zu kontrollieren, und sortieren Sie alle aus, die nicht gequollen, sondern genauso groß sind wie zuvor. Werfen Sie auch solche weg, die verfärbt oder beschädigt sind; sie werden ohnehin nicht wachsen.

Einige kleinere Arten, wie Rucola, Chia und Kresse, hüllen ihre Samen in Gallert, wenn sie mit Wasser in Berührung kommen. Sie richtig einzuweichen ist etwas knifflig, denn sie verwandeln sich einfach in ein dickes Gelee, das nicht leicht zu handhaben ist. Gelbildende Saaten lässt man daher direkt ohne Einweichen keimen, doch davon mehr auf Seite 89, denn sie eignen sich am besten für die Sprossenzucht.

Keimung

Nach dem Einweichen lässt man die Samen keimen. Es gibt dazu verschiedene Vorgehensweisen, die gängigsten werde ich beschreiben. Zunächst aber gilt das Wichtigste für alle Methoden: Sorgen Sie dafür, dass die Samen immer feucht bleiben. Ob man sie dann nicht ebenso gut im Wasser hätte liegen lassen können? Ganz so einfach ist es nun nicht. Sobald die eingeweichte Samenschale oder -hülle aufspringt, braucht der Keimling zum Überleben nämlich nicht mehr nur Wasser, sondern auch Luftsauerstoff. Das A und O bleibt dennoch die Feuchtigkeit und gerade anfangs sind die Samen sehr empfindlich: Einmal ausgetrocknet nach Beginn des Keimprozesses, lassen sie sich nicht mehr zum Leben erwecken. Dann bleibt Ihnen nur, mit frischer Saat von vorne anzufangen.

Gießen Sie nun also zunächst das Einweichwasser ab, anschließend spülen Sie die Saat gründlich, während Sie sie mit sauberen Händen wenden, sodass das Wasser alle Körner erreicht. Zerfallene, beschädigte oder verfärbte Samen werden weggeworfen. Dann folgen Sie einer geeigneten Keimmethode. Als Daumenregel gilt, zweimal täglich zu spülen, morgens und abends ist am einfachsten. Wenn Sie Gelegenheit zu einem oder zwei Extra-Spülgängen haben, ist das für die Keimlinge nur gut. Wenn Sie umgekehrt absehen können, dass es bis zum nächsten Spülen etwas dauern kann, dann stülpen Sie eine Plastiktüte locker über das Keimgefäß (sie darf nicht dicht schließen), um die Luftfeuchtigkeit länger zu halten.

Werden Mungbohnen ins Wasser gelegt, erwachen die Enzyme in ihrem Inneren zum Leben.

Im Allgemeinen wachsen Keimlinge im Warmen schnell heran; ist es kühler, dauert es etwas länger.

Alle Keimlinge, die Sie in diesem Buch kennenlernen, wurden bei normaler Zimmertemperatur von 19–22 °C gezogen. Am praktischsten finde ich es, wenn sie auf der Arbeitsfläche neben der Spüle stehen. Suchen Sie einen etwas wärmeren Platz für Ihr Keimgefäß, wenn Sie den Keimungsprozess beschleunigen wollen. Gerade im Winter kann dies ratsam sein, auf Fensterbänken wird es dann leicht zu kühl.

Üblicherweise wird das Keimen im Dunkeln empfohlen. Dadurch ahmt man die natürlichen Gegebenheiten der Keimentwicklung in der Erde nach. Im Licht beginnen Keimlinge sofort mit der Fotosynthese und wandeln ihre Energie in Stärke und Zellulose um. Nun ist es eine Sache, ob sich ein Samen mit aller Kraft und Entschlossenheit auf seine Entwicklung konzentrieren muss, um aus der Erde hervorzubrechen und zu einer starken Pflanze heranzuwachsen. Oder ob ein Keim in zwei, drei Tagen alles geben soll, um dann ganz einfach verspeist zu werden. Die Idee, Keimgefäße gehörten in einen dunklen Schrank, muss man also nicht allzu streng auslegen.

Wenn Sie ein offenes Gefäß haben, zum Beispiel einen Durchschlag oder ein Sieb, reicht es völlig aus, es zum Schutz vor Staub und Schmutz mit einem Handtuch, Teller oder Topfdeckel abzudecken. Noch wichtiger: Neben der Spüle stehende Gefäße sind so auch vor Spritzwasser geschützt! Das Letzte, was keimende Samen gebrauchen können, ist nämlich eine Spülmitteldusche.

Nach meiner Erfahrung ist es im Ergebnis eigentlich gleich, ob Sie bei normaler Zimmerbeleuchtung oder im Dunkeln keimen lassen. Vermeiden sollten Sie allerdings direkte Sonneneinstrahlung, nicht zuletzt wegen des Risikos, dass die Keime in zu großer Wärme schnell austrocknen.

Methoden und Keimgeräte

Vom klassischen Keimglas bis zum Stoffbeutel gibt es die unterschiedlichsten Keimverfahren, doch alle Methoden bauen auf demselben Prinzip auf: Die Keimlinge sollen leicht zu spülen, das Spülwasser leicht abzugießen und das Gefäß nicht dicht verschlossen sein, denn frische Luft bekommt den Keimlingen gut.

Welches Gerät und welche Methode Sie wählen, ist Geschmackssache. Durchschlag oder Sieb bieten sich an, wenn Sie eine größere Menge von nur einer Sorte ziehen wollen, vielleicht gelbe Erbsen oder Mungbohnen für Falafel. Möchten Sie eine kleine Auswahl verschiedener Keime gleichzeitig ziehen, eignet sich ein Keimgerät mit mehreren Etagen besser. Eingefleischte Sprossenfans allerdings stellen sich lieber große Gläser auf die Abtropffläche und unterhalten eine regelrechte Produktion mehrerer Sorten.

Durchschlag und Sieb

Phänomenal einfach ist die Siebmethode, gerade wenn es um eine größere Menge Keimlinge einer Sorte geht – oder auch zwei oder drei Sorten, je nachdem, auf wie viele Siebe oder Durchschläge Sie für ein paar Tage verzichten können. Wählen Sie Geräte aus rostfreiem Stahl oder Plastik. Zinn, Eisen und Aluminium können im feuchten Milieu mit den Keimen reagieren, deren Farbe und Geschmack dadurch verderben. Was dabei von den Keimen aufgenommen wird, kann ich nicht sagen. Rostfreier Stahl sollte sicherheitshalber die erste Wahl sein.

Geben Sie die eingeweichte Saat in den Durchschlag (sehr kleine Samen in ein feinmaschiges Sieb) und spülen Sie sie gründlich mit kaltem Wasser. Die Samen sind sehr leicht zu spülen, denn sie bleiben während der gesamten Keimung in diesem Durchschlag, seine Löcher unterstützen die Luftzirkulation und senken so das Risiko von Bakterien- und Schimmelbefall. Setzen Sie den Durchschlag auf eine Schale, damit das Wasser gut abtropfen kann, und decken Sie ihn zum Beispiel mit einem Handtuch ab. Spülen Sie sorgfältig und mindestens zweimal am Tag. Bald werden Sie sehen, wie sich kleine »Schwänzchen« durch die Löcher des Durchschlags tasten. Da sie leicht abbrechen, wenden und schütteln Sie die Keimlinge nicht übermäßig bei den Spülgängen, um die Keimlinge nicht zu zerstören. Sie fragen sich, ob so übereinandergeschichtete Keimlinge den Druck aushalten? Denken Sie daran, wie sie sich in der Erde entfalten – das ist Druck!

Keimlinge sind Kämpfer, ein wenig Widerstand tut ihnen nichts an. In der kommerziellen Anzucht lässt man Mungbohnen sogar unter Druck keimen, damit sie besonders drahtig und knackig werden.

Keimgläser

Diese verbreitete Methode funktioniert natürlich nach wie vor: Sie können sich ein spezielles Keimglas mit einem Siebdeckel kaufen, das schräg in eine passende Vorrichtung gestellt wird, sodass restliches Spülwasser ablaufen kann. Es geht aber genauso gut mit einem beliebigen Glas in geeigneter Größe, das schräg über Kopf auf der Abtropfe der Spüle stehen darf. Über die Öffnung spannt man einen dünnen Leinenstoff, den man mit einem Gummiband befestigt. Ein Stück Spitzengardine vom Flohmarkt, das man nach gründlicher Wäsche zurechtschneidet, funktioniert auch. Die Hauptsache ist, dass das Spülwasser leicht durch den Stoff ablaufen kann. Wählen Sie ein Glas, das sich zur Öffnung hin nicht zu stark verjüngt. Eine weite Öffnung erleichtert Ihnen die Entnahme der fertigen Keimlinge. Beachten Sie, dass das Volumen durch die Keimung der Saat noch einmal stark zunimmt: Aus einem Esslöffel Alfalfasaat werden leicht ca. 500 ml fertige Keimlinge!

Verwenden Sie nur absolut saubere Gläser, die auch frei von Spülmittelresten sind (sie können das Wachstum beeinträchtigen). Spülen Sie die Saat gründlich, legen Sie sie in das Glas, füllen Sie kaltes Wasser auf (auf 1 Teil Saat mindestens 3 Volumenteile Wasser) und lassen Sie die Samen einweichen. Befestigen Sie dann mit einem Gummiband ein Tuch über der Öffnung. Jetzt ist das Spülen ganz einfach, machen Sie das gleich einige Male hintereinander und stellen Sie das Glas schräg kopfüber in sein Gestell, in den Geschirrkorb oder ein hohes Gefäß, damit überschüssiges Wasser ablaufen kann. Breiten Sie gegebenenfalls ein Handtuch darüber. Spülen Sie sorgfältig mindestens zweimal pro Tag, bis die Keimlinge fertig sind. Zur Aufbewahrung im Kühlschrank können die Keimlinge dann gleich im Glas bleiben, das Sie auch dort schräg kopfüber in einem hohen Gefäß stehen lassen. Spülen Sie jeden zweiten oder dritten Tag, damit

sich die Keimlinge lange halten. Die Kälte reduziert das Wachstum auf ein absolutes Minimum.

Keimboxen und -türme

Zu den im Handel erhältlichen Keimgeräten gehören auch die bereits erwähnten mehrstöckigen Keimboxen und Sprossentürme. Sie haben meist zwei oder drei übereinandergestapelte Siebschalen aus Kunststoff. Hier gilt im Prinzip das Gleiche wie für die Siebmethode: Die Keimlinge sind leicht zu spülen, das Spülwasser kann gut in eine Auffangschale ablaufen und die Luft kann frei durch die Löcher und Stockwerke zirkulieren, sodass kein Risiko von Schimmel- oder Bakterienwachstum besteht.

Das Tolle an diesen Boxen ist, dass man mehrere verschiedene Keimlinge und Sprossen gleichzeitig ziehen kann. Für größere Mengen wird das Gerät allerdings zu klein sein.

Es gibt auch Keimtürme aus Ton. Sie sind kleiner als die aus Plastik und eignen sich gut für alle, die wirklich nur sehr kleine Mengen ziehen wollen.

Keimbeutel

Wer dieser Methode einmal verfallen ist, empfiehlt den Keimbeutel nur zu gerne weiter. Ich selbst habe (noch) nicht so richtig angebissen. Hier werden die Samen in einen Beutel aus Leinen- oder Hanftuch gelegt (es gibt sogar welche aus Synthetik), den man online oder in Reform- und Naturkostgeschäften bekommt. So ein Beutel ist natürlich auch schnell selbst genäht. Zum Spülen wird einfach das ganze Säckchen eingetaucht und anschließend aufgehängt oder in den Geschirrkorb gelegt. Durch den Stoff läuft das Wasser gut ab und auch die Luft kann frei zirkulieren.

Bild auf der nächsten Doppelseite: Die Sprossen sind los! Keimsprossen zieht man am besten in Durchschlag, Keimglas oder -beutel. Keimgeräte aus Plastik oder Terrakotta lassen sich für alle Sprossen verwenden. Das Gitter aus schwarzem Kunststoff ist für die Anzucht in Wasser gedacht, eine Methode, die sich eher für die Grünsprossenzucht eignet (dazu mehr auf S. 91).

KEIMEN IM DURCHSCHLAG – SCHRITT FÜR SCHRITT

1. Geben Sie die Saat in einen Durchschlag. Spülen Sie sie sorgfältig mit kaltem Wasser über einer Schüssel oder direkt unter dem Wasserhahn

2. Füllen Sie die Saat in eine Schale oder ein Schraubglas um und weichen Sie sie in reichlich kaltem Wasser ein (Einweichzeit s. ab S. 33).

3. Geben Sie die eingeweichte Saat in einen Durchschlag. Sortieren Sie halbierte, beschädigte und verfärbte Samen aus.

4. Nochmals gründlich spülen.

5. Decken Sie das Gefäß mit einem Tuch, Teller oder Deckel ab.

6. Spülen Sie die Keimlinge mindestens zweimal täglich.

7. Spülen Sie die fertigen Keimlinge und lassen Sie sie gut abtropfen.

8. Entfernen Sie lose Schalen gegebenenfalls mithilfe eines Schaumlöffels (mehr dazu lesen Sie unter »Ernten« auf S. 31).

Ernten

Wann die Keimlinge genussfertig sind, variiert von etwa einem bis zu fünf, sechs Tagen: Mit kürzeren Spitzen sind sie sättigender, dafür sind längere Keime knuspriger und lockerer. Tasten Sie sich an das beste Ergebnis heran und nehmen Sie ab und zu eine Geschmacksprobe, während die Keime heranwachsen. Manche Keimlinge, zum Beispiel die von Buchweizen, Quinoa oder geschälten Sonnenblumenkernen, sind schon nach ein bis zwei Tagen fertig und werden danach nicht mehr besser. Solche von Mungbohnen und Linsen dagegen können mit kurzen wie langen Keimen köstlich sein, je nach persönlichem Geschmack. Hinweise zur ungefähren Keimdauer finden Sie jeweils in den Beschreibungen ab S. 33.

Wenn es so weit ist, spülen Sie die Keimlinge ein letztes Mal gründlich und lassen sie gut abtropfen. Aus einem Durchschlag oder Keimglas müssen Sie sie dann sehr vorsichtig herausheben und dabei die Keime lösen, die sich in den Löchern von Durchschlag oder Siebdeckel verhakt haben. Die meisten Bohnen, Linsen und Erbsen haben eine weiche Hülle, die aufspringt und sich ablöst, sobald das Wachstum beginnt. Ob man dieses Häutchen entfernt oder nicht, ist eine rein ästhetische Frage. Ich selbst finde es nicht störend, manchmal gerade im Gegenteil: Die grüne Hülle der Mungbohnen ist zum Beispiel im Salat oder im Wok sehr hübsch. Für Falafel oder Smoothies spielt es auch keine Rolle, da sie ja ohnehin zerkleinert werden. Eigentlich kann man sich also über eine Extra-Portion Ballaststoffe freuen.

Möchten Sie die Hüllen dennoch lieber entfernen, gehen Sie so vor: Lassen Sie die Keimlinge in einer sehr großen Schüssel mit viel Wasser frei schwimmen. Erzeugen Sie mit einem Schaumlöffel einen Wirbel, bis sich alle Keimlinge im Kreis bewegen. Dabei sollten sich die meisten Häutchen lösen und auf der Oberfläche schwimmen (einige werden auch auf den Boden sinken). Nehmen Sie die oben schwimmenden Hüllen schnell mit dem Schaumlöffel auf und wiederholen Sie den Vorgang, bis möglichst viele entfernt sind. Besitzen Sie keinen Schaumlöffel, rühren Sie mit einem gewöhnlichen Kochlöffel. Wenn Sie dann einen Großteil des Wassers zügig, aber vorsichtig in die Spüle abgießen, sollten die meisten Hüllen mit abfließen. Füllen Sie wieder mit Wasser auf und wiederholen Sie den Vorgang einige Male.

Anschließend lassen Sie die Keimlinge in einem Durchschlag gut abtropfen.

Aufbewahren

Falls Sie die Keimlinge nicht unmittelbar verzehren, müssen sie gekühlt werden. Auch im Kühlschrank setzt sich das Wachstum fort, wird aber fast bis zum Stillstand gebremst. Achten Sie darauf, dass die Keimlinge sehr gut abgetropft sind, bevor Sie sie in den Kühlschrank stellen. Im Wasser zu stehen bekommt ihnen nicht.

Im Glas gezogene Keimlinge müssen nicht umgefüllt werden: Stellen Sie einfach das Keimglas in den Kühlschrank, wie gewohnt über Kopf in einem Gefäß. Andernfalls eignet sich auch ein Schraubglas, eine Plastiktüte oder -dose. Wie gesagt: Die Verpackung darf nicht zu dicht schließen, denn die Keimlinge möchten atmen. Und wenn sie doch einmal schlapp aussehen? Spülen Sie sie mit kaltem Wasser ab und lassen Sie sie wieder gut abtropfen.

Die Haltbarkeit hängt von der Sorte und vielen weiteren Faktoren ab – von der Keimdauer, der Temperatur während der Keimung und im Kühlschrank, vor allem aber davon, ob die Keimlinge unter hygienischen Bedingungen gezogen wurden. Hier geben Ihnen Ihre Sinne den besten Hinweis darauf, ob die Keimlinge noch gut sind: Sehen sie frisch aus und duften? Schmecken sie so, wie sie sollen? Sollten Sie nicht ganz sicher sein, erhitzen Sie sie vor dem Verzehr. Eventuell vorhandene Bakterien sterben ab ca. 70 °C ab.

KEIMLING FÜR KEIMLING

Adzukibohnen

In Asien verarbeitet man Adzukibohnen (auch: Azuki oder Lunja) gerne in süßen Kuchen und anderem Backwerk. Ihre violett-braune Schale springt während der Keimung auf und so entstehen ganz besonders aparte Keimlinge. Adzuki ist verwandt mit der Mungbohne, keimt allerdings nicht ganz so bereitwillig.

PASST ZU …

Genau wie Mungbohnenkeimlinge lässt sich Adzuki gut braten – ob für ein Pad Thai oder eine Gemüsepfanne – und macht sich auch in Eintöpfen gut. Adzukikeimlinge haben mehr Biss als die von Mungbohnen oder Linsen, weshalb sie gekocht oder gebraten am besten sind. Möchte man sie dennoch roh essen, lässt man die Keime ein bisschen länger wachsen – allerdings nicht, bis sie fade und holzig sind.

EINKAUF

Getrocknete Adzukibohnen werden in den meisten gut sortierten Lebensmittelgeschäften angeboten. Die Keimfähigkeit kann variieren, Sie müssen eventuell verschiedene Marken probieren.

KEIMGERÄT UND -METHODE

Alle Geräte sind geeignet, bei größeren Mengen empfehlen sich Durchschlag und großes Keimglas.

Adzukibohnenkeimlinge sind besonders reizvoll.

SO GEHT'S …

Wählen Sie Ihr Keimgerät. Spülen Sie ruhig ein Mal mehr, nicht nur morgens und abends. Nach meiner Erfahrung sind Adzukikeimlinge etwas empfindlicher gegen Austrocknung als andere Leguminosen. Nach drei bis fünf Tagen sind die Keimlinge fertig. Natürlich lassen sich die violetten Häutchen entfernen (s. S. 31), aber ich persönlich finde sie ganz besonders schmückend.

Einweichen: mindestens 12, besser bis zu 24 Stunden
Keimzeit nach dem Einweichen: 3–5 Tage
Ertrag: 50 g (100 ml) Adzukibohnen ergeben ca. 300 g (600 ml) Keimlinge.

Alfalfasaat

Neben Mungbohnen ist Alfalfa vermutlich die bekannteste Keimsaat. Es hat sich eben herumgesprochen: Jeder Esslöffel dieser Minisamen entwickelt sich zuverlässig und schnell zu einem außerordentlich knusprigfrischen Nest aus Keimlingen.

PASST ZU …

Auch Alfalfa zählt zu den Leguminosen und tatsächlich erinnert der Geschmack ein wenig an Erbsen. Die feinen Keimlinge schmecken roh am besten, durch Erwärmen verlieren sie. Essen Sie sie über Ihr Butterbrot gestreut, als knusprige Füllung im Wrap oder als Topping auf dem Salat – geben Sie nur das Dressing nicht zu früh hinzu, denn das vertragen die zarten Alfalfakeimlinge nicht so gut. Mit ihrem milden Aroma passen sie, fein püriert, auch hervorragend in Smoothies und kalte Suppen.

EINKAUF

Alfalfa wird in Europa praktisch nur als Keimsaat angeboten, Sie können kaum etwas falsch machen. Zu finden im gut sortierten Lebensmittelhandel, in Reform- und Naturkostgeschäften und online über Gesundheitsseiten.

KEIMGERÄT UND -METHODE

Die richtige Wahl ist hier das Keimglas, in dem sich die Feuchtigkeit gut und gleichmäßig hält. Die dünnen Keime verlieren schnell ihre Spannkraft, wenn sie trocken werden. Denken Sie daran, ein großes Glas zu nehmen, da das Keimwachstum für enormen Volumenzuwachs sorgt. Im Sieb richten sich die Keimlinge nach unten aus, wenn Sie sich also das klassische »Alfalfawirrwarr« wünschen, nehmen Sie ein Glas.

SO GEHT'S …

Halten Sie sich an die Beschreibung zur Keimglasmethode. Nach drei bis fünf Tagen sind die Keimlinge fertig. Für Sprossen mit hübscher grüner Spitze stellen Sie das Glas ab dem dritten Tag auf die Fensterbank. Es ist faszinierend, wie schnell die Chlorophyllbildung vonstattengeht: In ungefähr einer Stunde wechselt die Farbe von blassgelb zu grün.

Im Kühlschrank halten die Keimlinge am besten, und zwar so, wie sie auch gezogen wurden: das Keimglas kopfüber in einem Gefäß. Spülen Sie sie jeden zweiten oder dritten Tag, dann halten sie sich frisch.

Einweichen: mindestens 6 Stunden, besser über Nacht
Keimzeit nach dem Einweichen: 3–5 Tage
Ertrag: 12 g (1 EL) Alfalfasaat ergeben 70 g (500 ml) Keimlinge.

Buchweizen

Toll für Anfänger! Buchweizen zahlt sich sofort aus und lässt in nur 24 Stunden süße kleine Spitzen hervorwachsen. Trotz des Namens hat Buchweizen nichts mit Weizen zu tun, sondern ist ein Kraut, das mit den Getreiden nicht verwandt und daher gänzlich glutenfrei ist.

Der in der Samenschale des Buchweizens enthaltene Farbstoff Fagopyrin kann, nach Genuss größerer Mengen, zu Irritationen von Haut und Augen führen. Er lässt sich vor dem Keimen durch Waschen mit heißem Wasser entfernen.

PASST ZU …

Gekeimter Buchweizen hat einen fein-nussigen Geschmack. Kochen Sie Buchweizengrütze daraus oder mixen Sie ihn mit Wasser, Kokos- oder Hafermilch zu einer rohen Variante. Er macht sich gut im Brotteig, lässt sich bei schwacher Hitze im Ofen zu einem krossen Crunch rösten und verleiht vegetarischen Burgern eine gute Basis mit angenehmem Biss. Eine Handvoll Buchweizenkeime passt in jeden Salat.

EINKAUF

Kaufen Sie zum Keimen ganze Buchweizenkörner. Im Handel gibt es auch Schrot und Flocken, aber in bearbeiteter Form wird der Buchweizen nicht keimen. Das gilt natürlich auch für geröstete Sorten. Verwendet werden sollten ausschließlich die geschälten ganzen Buchweizensamen, wie man sie in den meisten Läden kaufen kann.

Es wird auch ungeschälter Buchweizen angeboten. Mit seiner schwarzen, harten Schale eignet er sich nicht gut zum Ziehen von Keimlingen, wird aber für Sprossen empfohlen. Dabei ist allerdings umstritten, ob Buchweizensprossen überhaupt genießbar sind. In großen Mengen sollten sie sicherlich nicht gegessen werden, denn besonders viel Fagopyrin ist gerade in den grünen Teilen, also in Stängeln und Blättern, enthalten.

KEIMGERÄT UND -METHODE

Alle Geräte sind geeignet, Durchschlag oder Sieb sind aber auch hier die elegantere Lösung.

SO GEHT'S …

Gleich welche Anzuchtmethode, Buchweizensaat muss zunächst in einem Sieb oder Durchschlag für 30 Sekunden unter fließend heißem Wasser gewaschen und anschließend sofort ca. 2 Minuten lang kalt abgespült werden. Dann fahren Sie entsprechend der gewählten Methode fort: Die Saat nach dem Einweichen gründlich unter fließend kaltem Wasser spülen und gleichzeitig vorsichtig wenden. Achten Sie dabei darauf, dass die glitschigen, gelbildenden Hüllen vollständig von den Körnern gewaschen werden. Auch alle weiteren Spülgänge müssen sehr sorgfältig durchgeführt werden, denn um die Buchweizensämlinge wird sich während des Wachstums ständig neuer Schleim bilden.

Nach ca. 48 Stunden bzw. wenn die Keime ungefähr so lang sind wie der eigentliche Buchweizensamen, sind die Keimlinge bereit zur Verwendung.

Einweichen: ca. 8 Stunden, bis zu 24 Stunden ist unproblematisch
Keimzeit nach dem Einweichen: ca. 48 Stunden
Ertrag: 80 g (100 ml) ganze Buchweizenkörner ergeben ca. 170 g (250 ml) Keimlinge.

Grüne Erbsen – und gelbe

Erbsen sind wahre Helden! Dass aus alltäglichen, billigen Trockenspeiseerbsen so schnell und einfach Keimlinge dieser Klasse werden können! Und dann diese bezaubernden grünen Sprossen (auf die wir unten wieder zurückkommen werden, s. S. 96) – fast zu schön, um wahr zu sein. Erbsensuppe kann man natürlich auch aus Keimlingen machen. Mit dem einzigen Unterschied, dass sie schneller gar und schonender für den Magen ist.

PASST ZU …

Die nussige Süße von grünen oder gelben Erbsen passt zu fast allen Gerichten, aber gerade die grünen mit ihrer sanften Färbung sind einfach bildschön (wenngleich die Farbe im Laufe der Keimung auch etwas ausbleicht). Keimlinge, die beispielsweise bei der Zubereitung von Bratlingen, Falafeln, Suppen oder Eintöpfen erwärmt werden, brauchen nur eine kleine Keimspitze zu haben. Möchten Sie sie lieber roh unter einen Salat mischen, lassen Sie sie einige Tage länger wachsen. Dann werden sie knackig-leicht und umso besser verdaulich. Bleiben Sie anfangs dennoch etwas zurückhaltend, wenn Sie nicht daran gewöhnt sind, rohe Erbsensprossen zu essen.

EINKAUF

Grüne Erbsen gibt es in allen gut sortierten Lebensmittelgeschäften – steht ein Paket gelbe Erbsen daneben, schlagen Sie sofort zu! Denn nicht nur die grünen, beide Sorten keimen ganz unkompliziert. Gerade angekeimte gelbe Erbsen können wunderbar anstelle von Kichererbsen verwendet werden (s. unten).

KEIMGERÄT UND -METHODE

Alle Keimgeräte lassen sich verwenden, bei größeren Mengen sind Durchschlag oder Sieb am besten.

SO GEHT'S …

Wählen Sie Ihr Keimgerät. Erbsen entwickeln sich beim Einweichen unterschiedlich schnell, manche sind anfangs etwas träge. Planen Sie daher ruhig etwas mehr Zeit zum Einweichen ein, wenn möglich bis zu 24 Stunden, dann müssen Sie keine Erbsen wegwerfen, die womöglich nur ein Stündchen länger gebraucht hätten. Nach weiteren 48 Stunden haben die meisten Erbsen eine kleine Keimspitze entwickelt. Kosten Sie immer mal wieder, während sie wachsen.

Wer möchte, kann die Häutchen der Keimlinge wie oben beschrieben (s. S. 31) wegspülen. Ich selbst mache das bei Erbsen nie, denn die durchscheinenden Häutchen stören weder den Geschmack noch das Auge, finde ich.

Einweichen: mindestens 12, möglichst bis zu 24 Stunden
Keimzeit nach dem Einweichen: 3–5 Tage
Ertrag: 75 g (100 ml) gelbe Erbsen ergeben ca. 200 g (450 ml) Keimlinge.

GELBE ERBSEN – WENIGER ÜBLICH, ABER EBENSO GUT!

Getrocknete gelbe Erbsen werden in den Geschäften ebenfalls angeboten, wenn auch seltener. Sie schmecken zwar etwas weniger lieblich als ihre hübschen grünen Schwestern, in Rezepten mit Kichererbsen funktionieren sie aber mindestens so gut wie das Original (oder besser, wenn Sie mich fragen). Herangezogen werden sie auf genau die gleiche Weise wie grüne Erbsen.

Kichererbsen

Eine sättigende Hülsenfruchtsaat, die gut keimt. Die Keimlinge lassen sich zwar roh essen, aber ehrlich gesagt nicht mit beson-

derem Genuss. Sie sind einfach ein bisschen zu holzig und gewinnen, wie ich finde, ganz eindeutig durch Garen auf die eine oder andere Weise.

PASST ZU …

Wo immer eingeweichte Kichererbsen gewöhnlich Verwendung finden, kann man sie durch Keimlinge ersetzen. Eventuell benötigen Sie jedoch eine größere Menge der gekeimten Kichererbsen (sie enthalten mehr Wasser). Beachten Sie außerdem die kürzere Garzeit. Verwenden Sie Kichererbsenkeimlinge für Falafel, Hummus, würzige Eintöpfe und vegetarische Bratlinge oder rösten Sie sie mit Öl und warmen Kräutern in der Pfanne oder im Ofen zu Knuspersnacks.

EINKAUF

Trockene Kichererbsen finden Sie in den meisten gut sortierten Lebensmittelgeschäften.

KEIMGERÄT UND -METHODE

Es eignen sich alle Geräte, bei größeren Mengen sind Durchschlag oder Sieb zu empfehlen.

SO GEHT'S …

Folgen Sie einer der beschriebenen Methoden. Nach ca. 48 Stunden haben die meisten Kichererbsen eine kleine Spitze entwickelt. Probieren Sie, wie lang Sie sie wachsen lassen möchten, das ist reine Geschmackssache. Ob die durchscheinenden Hüllen stören, die sich von den Samen lösen, ist eine ästhetische Frage. Den Geschmack beeinträchtigen sie nicht. Um sie zu entfernen, folgen Sie der Darstellung auf S. 31.

Einweichen: mindestens 12 und bis zu 24 Stunden
Keimzeit nach dem Einweichen: 3–4 Tage
Ertrag: 80 g (100 ml) Kichererbsen ergeben 200 g (400 ml) Keimlinge.

Linsen

Rote, grüne, schwarze – alle Linsen keimen superleicht. Sie nehmen dabei enorm an Volumen zu: 100 ml trockene Linsen entwickeln sich in drei, vier Tagen zu gut 800 ml Keimlingen.

PASST ZU …

Linsenkeimlinge sind mild im Geschmack und passen gut zu allen möglichen Gerichten. Planen Sie eine Suppe oder Bratlinge, dann können Sie die Keimlinge schon nach 24–48 Stunden verwenden. Für einen frischen Salat, Wokgemüse oder als Topping auf einem Butterbrot lassen Sie sie einige Tage länger heranwachsen.

EINKAUF

Es eignen sich alle trockenen Linsen, solange sie nicht vorgegart oder in anderer Weise vorbehandelt sind. Rote Linsen werden zuweilen gespalten angeboten, also geschält und in Hälften geteilt, damit sie schneller garen. Diese Sorten keimen schlecht oder gar nicht. Auf der Verpackung wird nicht immer darauf hingewiesen, gucken Sie daher genau hin, ob sie gespalten sein könnten, bevor Sie Linsen zum Keimen kaufen.

Die kleinen, glänzend schwarzen Belugalinsen geben besonders schöne Keimlinge, perfekt für Salate. Sowohl die gewöhnlichen grünen Teller- und Berglinsen als auch ihre exklusiven Verwandten, die Puy-Linsen (die so nur heißen dürfen, wenn sie aus dem gleichnamigen französischen Bistum stammen), keimen problemlos.

KEIMGERÄT UND -METHODE

Alle Methoden sind geeignet. Berücksichtigen Sie den enormen Volumenzuwachs von Linsenkeimlingen und wählen Sie ein Gefäß angemessener Größe.

GRÜNE ERBSEN

KICHERERBSEN

QUINOA

ROTE LINSEN

SONNENBLUMENKERNE

GELBE ERBSEN

BUCHWEIZEN

ALFALFA

ADZUKIBOHNEN

SOJABOHNEN

MUNGBOHNEN

GRÜNE LINSEN

SCHWARZE LINSEN

SO GEHT'S …

Folgen Sie einer der genannten Methoden. Linsen wachsen unglaublich schnell, schon nach einem Tag platzen sie auf und der Keim lugt hervor. Kosten Sie, um herauszufinden, in welchem Stadium sie Ihnen am besten schmecken. Kurze Keimung ergibt sättigende Keimlinge, einige Tage mehr und sie werden umso knackiger und leichter.

Einweichen: ca. 8 Stunden, etwa über Nacht.
Keimzeit nach dem Einweichen: 2–4 Tage
Ertrag: 90 g (100 ml) schwarze Linsen ergeben ca. 300 g (900 ml) Keimlinge,
80 g (100 ml) grüne Linsen 250 g (1100 ml) Keimlinge,
80 g (100 ml) rote Linsen ergeben ca. 300 g (1200 ml) Keimlinge.

Mungbohnen

Bei »Bohnensprossen«, die im Lebensmittelhandel angeboten werden, handelt es sich tatsächlich meist um Keimlinge der Mungbohne. Und die kann man wirklich als die ultimative Keimsaat bezeichnen – schnell, einfach und vielseitig! Die grüne Hülle springt unter der Keimung auf und man kann sie natürlich abwaschen, aber ich persönlich finde sie sehr dekorativ.

PASST ZU …

Diese Keimlinge sind sehr flexibel: Geerntet nach nur zwei Tagen, schmecken die knubbeligen, sättigenden Keimlinge kurz gebraten in Wok oder Pfanne, im Pad Thai oder schlicht mit einem Spritzer Sojasauce. Sie können sie auch einige Minuten kochen, dann abspülen und kühlen, um sie zusammen mit anderem Gemüse zu marinieren. Lässt man ihnen einige weitere Tage Zeit, wachsen die Keime zu einem knusprigen Nest heran, das perfekt zu Salaten passt.

EINKAUF

Nichts leichter als das: Trockene Mungbohnen sind trockene Mungbohnen. Sie finden Sie im Supermarktregal neben den Bohnen, Linsen und Erbsen.

KEIMGERÄT UND -METHODE

Alle Methoden funktionieren. Für große Mengen sind Durchschlag oder großes Glasgefäß am besten.

SO GEHT'S …

Folgen Sie der Durchschlag- oder Keimglasmethode. Nach gut 24 Stunden wird die grüne Außenhülle aufgesprungen sein und eine kleine Spitze wächst hervor. Spülen Sie am Ende vorsichtig, wenn Sie einen Durchschlag verwenden, damit die Keime in den Löchern nicht abbrechen.

Wenn die Keimlinge fertig sind, ist sorgfältiges Spülen und Abtropfen wichtig. Hebt man sie gerade nach oben heraus, lösen sie sich meist leicht vom Durchschlag. Aufbewahrt werden sie im Kühlschrank. Wer mag, kann die grünen Häutchen entsprechend der Anleitung auf S. 31 entfernen.

Einweichen: 12 Stunden, problemlos bis zu 24 Stunden
Keimzeit nach dem Einweichen: 2–5 Tage
Ertrag: 110 g (100 ml) Mungbohnen ergeben nach 4 Tagen ca. 400 g (1200 ml) Keimlinge.

SUPERCRISP – FÜR SPEZIALISTEN …

Mungbohnensprossen aus dem Handel sind meistens unter Druck gezogen: Sie werden zum Keimen nicht nur hoch aufgeschichtet, ein aufgelegtes Gewicht erhöht den Druck noch zusätzlich. Indem man sie gegen den Druck wachsen lässt, erzwingt man die Bildung kräftigerer, besonders knackiger Keime. Ohne Druck werden die »Schwänzchen« länger und dünner.

Wenn Sie es selbst einmal probieren wollen, geben Sie zwei Schichten eingeweichte Bohnen übereinander in eine Siebschale Ihrer Keimbox. Stellen Sie sie auf die zugehörige Auffangschale. Obenauf legen Sie einen kleinen Teller, der, ohne aufzuliegen, in die Schale passt, setzen darauf ein Gewicht (zum Beispiel einen schweren Mörser oder einen Stein) und decken das Ganze mit einem Handtuch oder einer Plastiktüte ab. Nehmen Sie diesen Aufbau herunter, um wie üblich zweimal am Tag gründlich zu spülen.

Sonnenblumenkerne

Geschälte Sonnenblumenkerne entwickeln ganz unkompliziert sehr schöne Keimlinge in nur ein bis zwei Tagen. Schon mit kleinen Keimchen sind sie genussreif, nur wenige Millimeter, mehr braucht es nicht. So verlockend es ist, sie einfach weiter wachsen zu lassen, es lohnt nicht. Das wunderbar nussige Aroma wird leider zunehmend von einer unangenehmen Bitterkeit verdrängt. (Das Bittere verschwindet wieder, wenn man Grünsprossen heranzieht: Die schmecken mild und fein.)

PASST ZU …

Die nussigen Sonnenblumenkeimlinge machen sich gut in Brot, Semmeln und Scones. Sie verleihen Salaten, Porridge, Chiapudding und vegetarischen Burgern einen schönen Biss. Smoothies werden sättigend durch eine Handvoll Keimlinge, und röstet man sie mit etwas Salz oder Sojasauce, werden sie zu leckeren Snacks.

EINKAUF

Wählen Sie geschälte, im Übrigen naturbelassene Sonnenblumenkerne (geröstete oder gesalzene dürfen es nicht sein). Leider kommt es vor, dass in diesen Packungen viele Kerne beschädigt oder halbiert sind und sich nicht zum Keimen eignen: Statt zu wachsen, verderben sie nur. Für Sonnenblumen-Microgreens wählen Sie sicherheitshalber ungeschälte Saat (s. S. 100).

KEIMGERÄT UND -METHODE

Durchschlag oder Sieb sind hier die eleganteste Lösung, obwohl die anderen Methoden natürlich auch funktionieren.

SO GEHT'S …

Gleich welche Methode – nach kurzer Einweichzeit geht es hier zügig voran: In 12 Stunden sind die Samen aufgesprungen und die Keime sichtbar. Sobald sie wenige Millimeter lang sind, sind die Keimlinge fertig. Kosten Sie regelmäßig. Der Geschmack soll fein nussig sein, schlägt aber erstaunlich schnell ins Bittere um. Falls Ihre Keimlinge nach ein paar Tagen etwas bräunlich werden sollten, ist das nicht schlimm. Sie reagieren nur mit dem Luftsauerstoff (wie aufgeschnittene Äpfel, die nach einer Weile anlaufen).

Einweichen: mindestens 2, aber problemlos bis zu 24 Stunden
Keimzeit nach dem Einweichen: 1–2 Tage
Ertrag: 60 g (100 ml) Sonnenblumenkerne ergeben ca. 140 g (ca. 300 ml) Keimlinge.

Sojabohnen

Mit 34 % Eiweißgehalt ist die Sojabohne der Proteinriese unter den Hülsenfruchtsaaten und zudem sehr fettreich. Vor allem in Korea haben gekeimte Sojabohnen eine sehr lebendige Tradition. Mir ist aufgefallen, dass sich Sojabohnenkeimlinge, die an warmen Sommertagen gezogen werden, um den dritten, vierten Tag herum verfärben. Obwohl der Geschmack nicht beeinträchtigt

wird, ist die Farbe doch unerfreulich. Ich empfehle daher, Soja im Winterhalbjahr keimen zu lassen.

PASST ZU …

… Salaten, Suppen und Eintöpfen. Sojabohnenkeimlinge müssen mindestens 15 Minuten erhitzt werden, um die Trypsin-Inhibitoren zu entfernen, die die Aufnahme von Protein hemmen können.

EINKAUF

Sojabohnen werden in gewöhnlichen Lebensmittelgeschäften verkauft. Getrocknet sehen sie aus wie kleine runde Erbsen, doch beim Einweichen nehmen sie ihre ovale Bohnenform wieder an. Es gibt unterschiedliche Sorten, manche sind größer, andere kleiner, keimen können alle. Allerdings kann die Keimfähigkeit von Marke zu Marke schwanken, das müssten Sie austesten.

KEIMGERÄT UND -METHODE

Alle Keimgeräte sind geeignet, am besten aber der Durchschlag.

SO GEHT'S …

Wählen Sie Keimgerät und -methode. Sojabohnenkeimlinge sind nach etwa fünf Tagen genussreif. Je länger sie heranwachsen dürfen, umso weiter werden die Trypsin-Inhibitoren zerlegt – jene Stoffe, die unserem Körper die Spaltung und Aufnahme von Proteinen erschweren. Daher sollten Sie es sich in jedem Fall zur Angewohnheit machen, Sojabohnenkeimlinge mindestens eine Viertelstunde lang zu kochen, bevor sie gegessen oder weiterverarbeitet werden.

Einweichen: mindestens 12 oder bis zu 24 Stunden
Keimzeit nach dem Einweichen: ca. 5 Tage
Ertrag: 70 g (100 ml) Sojabohnen ergeben ca. 200 g (400 ml) Keimlinge.

Quinoa

Weißes Quinoa keimt leicht und wächst unglaublich schnell. In nur 24–36 Stunden haben die Sämlinge dünne »Schwänzchen« von einem halben Zentimeter Länge, eine weiche Konsistenz und dennoch eine gewisse Bissfestigkeit. Rotes und schwarzes Quinoa ist leider viel schwieriger heranzuziehen: Einige wenige Samen entwickeln einen kleinen Keim, aber die meisten kommen gar nicht erst in Gang. Das gilt selbst in Südamerika, wo der Anbau von rotem und schwarzem Quinoa auch nicht leicht gelingt. Dies spiegelt sich in den Marktpreisen wider.

Wurde früher empfohlen, vor der Zubereitung von Quinoa die bitteren Saponine von der Samenschale zu waschen, so geschieht dies heute bereits vor dem Abpacken.

Quinoa wird in Südamerika viel angebaut und gegessen. In den westlichen Ländern tauchte es in den vergangenen zehn Jahren als das große neue Trend»getreide« auf. Vor allem der Proteingehalt, aber auch die guten Fette und die Ballaststoffe machen Quinoa so interessant. Dass Quinoa außerdem glutenfrei ist, hat zusätzlich zu diesem Hype beigetragen. Es ist mit Pflanzen wie Spinat und Roter Bete verwandt.

PASST ZU …

Gekeimtes Quinoa ist weich mit appetitlichem Biss. Es schmeckt etwas nussig und zart bitter. Roh ist es im Salat perfekt, die Keimlinge sind aber auch lecker im Brotteig, zu Porridge gekocht oder geröstet im Müsli.

EINKAUF

Kaufen Sie weißes Quinoa (die tatsächliche Farbe kann Weiß, Beige, ja sogar ein zartes Rosa sein). Gepufftes Quinoa und Quinoaflocken gibt es auch, sie keimen aber nicht.

Rotes und schwarzes Quinoa keimt nicht leicht, auch Mischungen aus verschiedenen Sorten in einer Verpackung sind nicht geeignet.

KEIMGERÄT UND -METHODE
Alle Keimgeräte sind geeignet. Bei einem Durchschlag können die kleinen Samen allerdings leicht durchrieseln, da ist ein feinmaschiges Sieb vorzuziehen.

SO GEHT'S ...
Wählen Sie Ihr Keimgerät. Falls sich um die Quinoasamen beim Abspülen Schaum bildet, spülen Sie so lange, bis kein neuer Schaum entsteht. Quinoa wächst in Rekordgeschwindigkeit, schon nach einem halben Tag kann man die Keime hervortreten sehen. Und schnell geht es weiter: In 24–36 Stunden sind die Quinoakeimlinge gewöhnlich fertig. Kosten Sie zwischendurch, denn keimen sie zu lange, entwickeln sie einen säuerlichen, etwas heftigen Geschmack.

Im Sommer verläuft die Keimung besonders schnell. Sollte es im Haus sehr warm sein, kann man Quinoa auch im Kühlschrank keimen lassen. Dann geht alles etwas langsamer, ist leichter zu kontrollieren und wird mit besonderer Frische belohnt.

Einweichen: mindestens 6 Stunden, besser über Nacht
Keimzeit nach dem Einweichen: 24 bis 36 Stunden
Ertrag: 70 g (100 ml) Quinoa ergeben ca. 150 g (400 ml) Keimlinge.

Sesamsaat

Sowohl weiße als auch schwarze Sesamsaat lässt sich keimen. Eine kurze Keimzeit gilt generell für beide Sorten, denn nach rund zwei Tagen werden die Keimlinge schnell bitter, die schwarzen Samen neigen noch eher dazu. Wählen Sie ungeschälte helle Saat mit beigefarbener, matter Oberfläche. Wirklich weiß und glänzend erscheinende Samen dagegen sind geschält (poliert) – sie keimen nicht.

Ziehen Sie die Keimlinge nach der entsprechenden Methode in einem feinmaschigen Sieb. Die Saat muss mindestens eine Stunde lang einweichen, noch besser über Nacht. Sie können die Keimlinge in den Wok, zu asiatischen Dressings oder in die Panade für vegetarische Bratlinge geben, aber sie sind auch in Gebäck, Porridges und Smoothies eine leckere Zutat.

Keimen Nüsse?

Wal- und Haselnüsse, Mandeln und alle anderen Nüsse sind selbstverständlich auch Samen. Aber kann man sie keimen lassen? Nun ja. Wer hier auf einen Keim wartet, wartet oft recht lange. Andererseits schadet es gar nichts, unbehandelte Nüsse einige Stunden einweichen zu lassen. Genau wie bei allen anderen Samen werden dabei Enzyme aktiviert und die Nährstoffe zugänglich.

In Spezialgeschäften und im Internet werden inzwischen (unverschämt teure) »aktivierte Nüsse« verkauft. Dabei handelt es sich um Nüsse, die etwa acht Stunden eingeweicht wurden, um sie gegebenenfalls einen oder einige Tage »keimen« und schließlich in einem Trockenofen (oder in einem gewöhnlichen Backofen bei rund 40 °C) trocknen zu lassen. Nüsse müssen ganz trocken sein, sonst schimmeln sie schnell.

Wer eigene Nussdrinks herstellt, kennt das Verfahren ungefähr, wobei die Nüsse nach dem Einweichen jedoch nicht getrocknet, sondern im Mixer zerkleinert und dann abgeseiht werden, um ihre »Milch« zu gewinnen.

REZEPTE MIT KEIMLINGEN

ALFALFA-SMOOTHIE TUTTI FRUTTI

Milde Keimlinge, die sich nicht in den Vordergrund spielen, sind eine schöne, gesunde Zutat in Smoothies. Wer Bananen nicht mag, kann die cremige Konsistenz auch durch Avocado erreichen.

2 GLÄSER
50 g Alfalfa- und Mungbohnenkeimlinge
100 g Himbeeren
200 ml Orangensaft
1 gefrorene Banane, geschält
evtl. 1 EL Honig

Alle Zutaten zu einem glatten Smoothie verarbeiten, am besten im Standmixer oder aber mit dem Pürierstab.

Den Smoothie in Gläser füllen und mit einem Sträußchen aus Keimlingen garnieren.

MANGO-SMOOTHIE MIT KEIMLINGEN & HAGEBUTTEN

Eine richtige Vitaminbombe, die raffiniert mit den Aromen der Hagebutte spielt. Mixen Sie diesen Smoothie sehr fein, dann ist er besonders köstlich.

2 GLÄSER
50 g Alfalfa- und Mungbohnenkeimlinge
125 g Mangowürfel, tiefgefroren
200 ml Orangensaft
200 ml Mandelmilch
1 EL Hagebuttenschalenmehl
evtl. 1 EL Honig

Alle Zutaten zu einem glatten Smoothie verarbeiten, am besten im Standmixer oder aber mit dem Pürierstab.

Den Smoothie in Gläser füllen und mit Keimlingen garnieren.

APRIKOSEN-CHIA-TRIFLE

Mit knusprigen Keimlingen, dickem Joghurt und pürierten Aprikosen ist
Chiapudding in bester Gesellschaft. »Trifle« ist im Grunde nichts anderes als ein Schichtdessert.
Egal, es hört sich einfach gut an!

---

2 PERSONEN

50 g gemischte Keimlinge (z. B. von
    Quinoa, Buchweizen und Sonnen-
    blume)

100 ml Kokosmilch (Mandelmilch oder
    gewöhnliche Milch)

4 TL Chiasaat

1–2 Msp. Vanillepulver

10 getrocknete Aprikosen + 200 ml
    Wasser

evtl. etwas flüssiger Honig

1 Apfel

100 ml türkischer Joghurt (10 %)

Hanfsaat, Kokos-Chips und Nüsse zum
    Garnieren

Die Kokosmilch in einer Schüssel mit der Chiasaat und dem Vanille-pulver vermischen. Die Mischung zum Quellen über Nacht (jedoch mindestens 2 Stunden) in den Kühlschrank stellen.

Das Wasser in einem kleinen Topf aufkochen, vom Herd nehmen und die Aprikosen hineingeben. Mit einem Deckel schließen und beiseitestellen, bis die Aprikosen weich sind (ca. 30 Minuten). Das Wasser abgießen und dabei auffangen. Die Aprikosen mit dem Stabmixer pürieren und mit der aufgefangenen Flüssigkeit bis zur gewünschten Konsistenz verdünnen. Eventuell mit etwas Honig süßen.

Den Apfel vom Kerngehäuse befreien und in kleine Würfel schneiden.

Chiapudding, Joghurt, Aprikosenmus und Keimlinge in 2 Gläser schichten.

Mit Apfelstückchen, Hanfsaat, Kokos-Chips, Nüssen und Samen bestreuen.

KÖRNERLAIB MIT KEIMLINGEN

Dieses Brot strotzt vor Energie und Gesundheit. Bevor es angeschnitten wird, verdient es ein paar Stunden Ruhe, eingeschlagen in ein Handtuch. So kann es sich richtig setzen und hält gut zusammen. In Scheiben geschnitten eingefroren, lässt es sich später wunderbar rösten.

1 BROT

200 g gekeimter Buchweizen
1 EL Flohsamenschalenpulver
   (Psylliumpulver)
55 g Leinsaat
60 g Sesamsaat
200 ml kochendes Wasser
80 g Hafermehl
2 TL Natron
1½ TL Salz
150 ml Joghurt (3 %)
100 ml dunkler Sirup
50 g geröstete Kürbiskerne
   (oder Sonnenblumenkerne)
50 g geröstete Haselnüsse
Öl für die Form
Hafermehl zum Bestreuen

Flohsamenschalenpulver, Lein- und Sesamsaat in einem großen Gefäß mischen, mit dem kochenden Wasser begießen und gut verrühren. 10 Minuten quellen lassen.

Hafermehl, gekeimten Buchweizen, Natron, Salz, Joghurt und Sirup hinzugeben und alles sorgfältig mit dem Handrührgerät vermischen.

Kürbiskerne und Nüsse einarbeiten.

Den Ofen auf 200 °C vorheizen.

Den Teig in eine gefettete Brotbackform (ca. 2 l Fassungsvermögen) füllen und mit etwas Hafermehl bestreuen. Abgedeckt ca. 30 Minuten ruhen lassen.

Im unteren Drittel des Ofens etwa 1 Stunde backen. Vor dem Anschneiden mindestens eine halbe Stunde ruhen lassen.

Tipp!

Bereiten Sie die doppelte Menge Teig zu, wenn Sie ausreichend Keimlinge für zwei Brote (und zwei Brotformen) haben. Ein Brot auf Vorrat im Gefrierschrank ist oft sehr praktisch ...

WÜRZIGE QUINOA-CRACKER

Ein knuspriges Körnerknäcke mit Fenchelgeschmack, von beiden Seiten gebacken.
Sie finden das Wenden etwas knifflig? Keine Sorge.
Am Ende wird ohnehin alles in Stücke gebrochen.

---

1 BLECH
100 g gekeimtes Quinoa
1 TL Fenchelsaat
55 g Leinsaat
100 g Kürbiskerne
3–4 EL (ca. 30 g) Sesamsaat
2 TL Flohsamenschalenpulver
  (Psylliumpulver)
1 TL Kräutersalz
150 ml Wasser
1 EL Honig
1 EL Rapsöl
¼ TL Salzflocken

Tipp!

Bewahren Sie Knäckebrot immer trocken auf. Sollte es dennoch einmal weich werden, trocknet man es einfach 20 Minuten lang bei 100 °C im Ofen – oder wenige Sekunden in der Mikrowelle.

Den Ofen auf 175 °C vorheizen.

Die Fenchelsaat in einem Mörser zerstoßen.

Quinoakeimlinge, Leinsaat, Kürbiskerne, Sesam, Flohsamenschalenpulver, Kräutersalz und den zerstoßenen Fenchel in einem Gefäß mischen.

Das Wasser aufkochen, Honig und Öl hinzugeben und sorgfältig mit der Körnermischung verrühren.

Den Teig auf der Arbeitsplatte zwischen zwei Bögen Backpapier geben. Mit dem Nudelholz sehr dünn ausrollen. Das Ganze auf ein Backblech heben und das obere Backpapier entfernen. Salzflocken darüberstreuen und leicht mit der flachen Hand andrücken.

Auf der mittleren Schiene des Ofens ca. 20 Minuten backen, dann herausnehmen. Das Knäckebrot samt Backpapier vorsichtig anheben, auf das Blech stürzen und das Papier vorsichtig entfernen, sodass das Knäckebrot von der anderen Seite gebacken werden kann.

Das Blech für ca. 10 Minuten zurück in den Ofen schieben. Zum Ende hin gut darauf achten, dass das Knäckebrot nicht verbrennt.

Auf einem Gitter abkühlen lassen. In Stücke brechen. Trocken und luftdicht aufbewahren.

Die Cracker sind köstlich mit Käse und ein paar Sprossen, aber z. B. auch mit gelbem Hummus (s. Rezept S. 70).

GEKEIMTES KNUSPERMÜSLI

*Gekeimter Buchweizen entwickelt ein herrliches Aroma und leckeren Biss, wenn er im
Ofen geröstet wird. Und Müsli ist das schönste Nebenprodukt, wenn der Vorrat aufgeräumt wird:
Nutzen Sie Saaten, Nüsse und Trockenobst, wie sie Ihnen in die Hände fallen!*

CA. 2 LITER
500 g gekeimter Buchweizen
55 g Leinsaat
1 EL Zimt, gemahlen
2 EL Hagebuttenschalenmehl
¼ TL Salz
55–60 g Nüsse und Saaten
 (z. B. Haselnüsse, Mandeln, Sonnenblumenkerne, Kürbiskerne)
100 ml Rapsöl
150 ml flüssiger Honig
20 g Kokos-Chips
100 g Trockenobst (z. B. Aprikosen,
 Rosinen, getrocknete Johannisbeeren,
 Heidelbeeren oder Gojibeeren)

Den Ofen auf 175 °C vorheizen.

Gekeimten Buchweizen, Leinsamen, Zimt, Hagebuttenschalenmehl,
Salz, Nüsse und übrige Saaten in einer großen Schüssel mischen.

Das Öl mit dem Honig verquirlen und über die Körnermischung
geben. Mit den Händen sorgfältig verkneten.

Alles auf einem mit Backpapier ausgelegten Blech verteilen. Auf der
unteren Schiene im Ofen 20–30 Minuten rösten. Nach der Hälfte der
Zeit umrühren, zum Ende hin darauf achten, dass nichts anbrennt.

Aus dem Ofen nehmen und abkühlen lassen. Die Kokos-Chips und
das Trockenobst untermengen.

Das Granola in einem dicht schließenden Gefäß aufbewahren.

Quinoa-Knuspermüsli!

Ersetzen Sie den Buchweizen (oder einen Teil davon) durch die
gleiche Menge gekeimtes Quinoa.

MOHNKÜCHLEIN
MIT GEKEIMTEM BUCHWEIZEN

Für die klassischen bretonischen Galettes wird Buchweizenmehl verwendet. Unsere kleinen Pfannkuchen hier werden fluffig und knusprig zugleich – durch gekeimte Körner und einen Löffel Mohn. Eine herrliche Heidelbeer-Mascarpone dazu und sie sind perfekt für Luxus-Frühstück und Brunch ...

CA. 25 KÜCHLEIN
150 g gekeimter Buchweizen
200 ml Milch (alternativ Mandel-
    oder Hafermilch)
2 Eier
½ TL Backpulver
2 Msp. Vanillepulver
¼ TL Salz
1 EL Mohnsaat
1 EL Butter + Butter zum Backen
evtl. Puderzucker zum Bestäuben
evtl. gehackte Pistazien zum
    Bestreuen

Den gekeimten Buchweizen mit Milch, Eiern, Backpulver, Vanillepulver und Salz mit dem Stabmixer pürieren, dann die Mohnsaat hinzufügen.

Die Butter schmelzen und in den Teig mengen.

Die Küchlein mit Butter in einer Pfannkuchen- oder Blinipfanne backen (oder als normale Pfannkuchen in einer Bratpfanne). Mit aufgeschlagenem Mascarpone servieren, nach Geschmack mit Puderzucker bestäuben und mit Pistazien bestreuen.

Heidelbeer-Mascarpone

100 ml Mascarpone und 100 ml türkischen Joghurt (10 %) mit 1 EL Honig und der geriebenen Schale einer halben Bio-Zitrone in einer Schüssel aufschlagen. 60 g gefrorene Heidelbeeren daraufgeben und das Ganze ca. 5 Minuten ruhen lassen. Die Heidelbeeren schließlich vorsichtig mit einem Löffel unterheben.

SCHARFE LINSENSUPPE MIT CURRY

Für diese Suppe kann man genauso gut grüne Linsen verwenden,
aber die roten bringen eine schönere Farbe mit. Fangen Sie mit wenig Sambal Oelek an,
kosten Sie und schmecken Sie die Suppe bis zur gewünschten Schärfe ab.

4 PERSONEN

300 g gekeimte rote Linsen
1 Zwiebel
1 Knoblauchzehe
1 Karotte
2 EL Rapsöl
½ TL Curry
1 TL Ingwer, gemahlen
1 Zimtstange
1 Gemüsebrühwürfel
½ TL Salz
½ l Wasser
1 Dose Kokosmilch (à 400 ml)
1½ EL Zitronensaft, frisch gepresst
½–2 TL Sambal Oelek
türkischer Joghurt, Grünsprossen und
    evtl. Chili- oder Paprikapulver zum
    Garnieren

Zwiebel und Knoblauch schälen und hacken. Die Karotte schälen und in Scheiben schneiden.

Zwiebel und Knoblauch bei mittlerer Hitze ca. 5 Minuten in Öl glasig anbraten, ohne dass sie Farbe annehmen. Das Currypulver in der letzten Minute hinzugeben, umrühren.

Karotte, Linsen, Ingwer, Zimt, Brühwürfel, Salz, Wasser und Kokosmilch hinzufügen.

Mit aufgelegtem Deckel 15–20 Minuten kochen lassen, bzw. bis Linsen und Karotte weich sind.

Die Zimtstange herausnehmen. Die Suppe mit dem Stabmixer fein pürieren.

Zitronensaft und Sambal Oelek hinzufügen.

Gegebenenfalls mit Zitronensaft, Sambal Oelek und Salz abschmecken.

Mit türkischem Joghurt und Microgreens, z. B. Brokkoli- oder Kressesprossen, anrichten.

Nach Belieben Chili- oder Paprikapulver darüberstreuen.

ROTE BETE-LINSEN-BURGER MIT FETA

Großartige Veggie-Burger! Wichtig ist, dass der Teig ein Viertelstündchen ruhen kann:
So hat der Hafer Gelegenheit zu quellen und die Burger fallen in der Pfanne nicht auseinander.

4 PERSONEN

200 g gekeimte Linsen oder
   Quinoasamen
200 g Rote Bete
1 Knoblauchzehe
35–40 g Haferflocken
1 Ei
1 EL Basilikum, gehackt
¼ TL Salz
schwarzer Pfeffer aus der Mühle
150 g Feta
2 EL Pinienkerne
Rapsöl
helles Brot, Keimlinge, Sprossen
   und Avocado-Mayo (s. Rezept
   S. 122) zum Anrichten

Rote Bete schälen und fein reiben. Knoblauch schälen und pressen.

Die Linsenkeimlinge in der Küchenmaschine oder mit dem Pürierstab grob zerkleinern (bei Quinoa ist das nicht nötig).

Die geriebene Rote Bete zusammen mit Knoblauch, Haferflocken, Ei, Basilikum, Salz und Pfeffer zu den Linsen geben. Das Ganze mit dem Mixer zu einem Teig verarbeiten, dann in eine Schüssel geben.

Feta zerkrümeln und mit den Pinienkernen über den Teig streuen, diesen mindestens 15 Minuten ruhen lassen.

Aus dem Teig 4 Bratlinge formen (mit eingeölten Händen geht es leichter).

Reichlich Öl in einer großen Pfanne erhitzen und die Bratlinge darin 4 Minuten von jeder Seite braten bzw. bis zur gewünschten Färbung.

Das Brot rösten oder anwärmen, die Burger mit Bratlingen und Beilagen komplettieren.

PAD THAI MIT TOFU & ADZUKIKEIMEN

In ein klassisches Pad Thai gehören Mungbohnensprossen. Probieren Sie doch einmal
diese Variante mit den hübschen Adzuki-Keimlingen, die etwas mehr Biss haben.

4 PERSONEN

400 g Adzuki- (oder Mungbohnen-)
   Keimlinge
270 g Paket Tofu
2 EL Fischsauce
2 EL Limettensaft, frisch gepresst
2 EL Farinzucker
250 g Reisnudeln
1 EL Rapsöl + Rapsöl zum Braten
2 Knoblauchzehen
1 rote Chilischote
2 Karotten
4 Frühlingszwiebeln
2 Eier
50 g gesalzene Erdnüsse, grob
   gehackt, sowie frisches Koriander-
   grün zum Garnieren
evtl. mit Limettenspalten servieren

Zunächst den Tofu marinieren: Tofu in ca. zentimetergroße Würfel schneiden und in eine Schale legen. Fischsauce, Limettensaft und Zucker in einer zweiten Schale mischen. Die Hälfte der Sauce mit dem Tofu mischen, den Rest beiseitestellen.

Die Nudeln nach Packungsanweisung garen. Abgießen, mit kaltem Wasser spülen und abtropfen lassen, dann 1 EL Rapsöl daruntermischen und beiseitestellen.

Öl in einer großen Pfanne erhitzen und den Tofu samt Marinade bei mittlerer Hitze ca. 2 Minuten braten. Den Tofu herausnehmen und beiseitestellen.

Knoblauch schälen und fein hacken. Chili aufschneiden, Kerne entkernen und in feine Streifen schneiden. Karotten schälen und in Stifte schneiden. Die Frühlingszwiebeln in Streifen schneiden.

Knoblauch, Chili und Karotten in der Pfanne mit reichlich Öl ca. 2 Minuten scharf anbraten, umrühren, damit es nicht ansetzt. Die Keimlinge und die Hälfte der Frühlingszwiebeln hinzugeben, 1 weitere Minute braten lassen.

Auf mittlere Hitze zurückschalten. Das Gemüse auf eine Seite der Pfanne schieben, die Eier nacheinander auf den heißen Pfannenboden schlagen und sofort verschlagen (wie Rührei).

Wenn die Eier durchgebraten sind, Tofu und Nudeln hinzufügen. Alles zusammen braten und warm werden lassen, dann die andere Hälfte der Sauce zugeben.

Mit den gehackten Erdnüssen, den restlichen Frühlingszwiebeln und Koriander bestreuen.

SUSHI-ROLLEN MIT QUINOA UND WASABI-MAYO

Bereiten Sie frisches Maki-Sushi zu – mit gekeimtem Quinoa statt Reis.

4 PERSONEN
300 g gekeimtes weißes Quinoa
8 Noriblätter
1½ EL Reisessig
1½ EL Zucker
½ TL Salz
½ Gurke
2 Avocados
ca. 2 EL Gari (süßsauer eingelegter Ingwer)
gemischte Grünsprossen (z. B. von Erbse, Senf, Rettich oder Kresse)

Wasabi-Mayo

200 g Mayonnaise mit 1–2 TL Wasabi und 1 TL japanischer Sojasauce verrühren.

Reisessig, Zucker und Salz vermischen. 5 Minuten stehen lassen, bzw. bis der Zucker sich gelöst hat. Das gekeimte Quinoa dazugeben.

Die Gurke längs in ½ cm dicke Stifte von ca. 15 cm Länge schneiden. Die Avocados halbieren, Kerne entfernen. Das Fruchtfleisch mit einem großen Löffel im Ganzen aus der Schale heben und längs in Scheiben schneiden. Gari fein zerkleinern.

Ein Geschirrtuch oder eine Bambusmatte auf der Arbeitsplatte ausbreiten, mittig darauf ein Noriblatt mit der glatten Seite nach unten legen.

Das Quinoa gleichmäßig auf dem Noriblatt verteilen, dabei einen 1–2 cm breiten Rand zur oberen Kante auslassen, damit die Rolle geschlossen werden kann.

Längs darauf die Gurkenstäbchen, Avocado, Gari und eventuell einige Sprossen legen, parallel zueinander und mit ca. 2 cm Abstand zur unteren Kante.

Das Noriblatt vorsichtig, aber so fest wie möglich von unten zusammenrollen. Die Füllung darf dabei nicht heruntergeschoben werden. Bis kurz vor die obere Kante rollen, dann warten und die Rolle einen Augenblick in Form halten. Die obere Kante des Noriblatts anfeuchten, fertigrollen und schließen. Das Ganze mit den übrigen Noriblättern wiederholen.

Die Rollen in ca. 2 cm dicke Scheiben schneiden und auf einen Teller setzen. Jedes Maki mit einem Klecks Wasabi-Mayo und Sprossen garnieren, den Rest dazureichen. Dazu passt japanische Sojasauce oder ein Sojadip mit Sesam und Senf (s. S. 73).

WINTERSALAT MIT BUCHWEIZEN UND HALLOUMI

Die gekeimte Variante eines alten Lieblingsrezepts – der farbenfrohe Salat ist als grüne Erfrischung für das Weihnachtsbuffet ebenso geeignet wie zum Lunch.

4 PERSONEN

400 g gekeimter Buchweizen

300 g Rosenkohl

Olivenöl zum Braten

Salz

schwarzer Pfeffer aus der Mühle

1 Orange

4 getrocknete Feigen

½ Granatapfel

2 EL Petersilie, gehackt

2 EL Olivenöl

½ TL Salzflocken

evtl. 20 g Walnüsse (möglichst geröstet)

200 g Halloumi

Den Rosenkohl putzen und halbieren, in einer großen Pfanne mit reichlich Öl ca. 5 Minuten anbraten. Salzen und pfeffern.

Den Buchweizen hinzugeben, ca. 2 Minuten unter Rühren mitbraten.

Das Ganze etwas abkühlen lassen.

Die Orange mit einem Messer schälen und filetieren. Die Feigen in Streifen schneiden. Die Kerne aus dem Granatapfel lösen (das geht am einfachsten, indem man die Hälften mit der Schnittfläche nach unten über eine Schale hält und die Kerne hineinfallen lässt) und die weißen Häutchen entfernen.

Petersilie, Öl, Salzflocken und Pfeffer nach Geschmack zur angebratenen Rosenkohl-Buchweizen-Mischung geben, diese mit den Orangenfilets und Feigen in einen tiefen Teller oder eine Schüssel schichten.

Granatapfelkerne und nach Belieben Walnüsse darüberstreuen.

Halloumi in Scheiben schneiden, bei starker Hitze ca. 1 Minute von beiden Seiten in Öl anbraten, dann als Topping auf den Salat geben.

FALAFEL AUS GELBEN ERBSEN

Ich frittiere Falafel nie. Es reicht völlig, sie in viel Öl zu braten, um eine schöne Kruste zu bekommen.
Je nach Beschaffenheit der gekeimten Erbsen benötigt man mehr oder weniger Maisstärke.
Probieren Sie es anfangs mit einer kleine Menge und tasten Sie sich an das beste Ergebnis heran.

---

4 PERSONEN
400 g gekeimte gelbe Erbsen
1 Zwiebel
1 Knoblauchzehe
3 geh. EL Petersilie, fein gehackt
1 TL Kreuzkümmel
1 TL Korianderblätter, getrocknet
½ EL Backpulver
25–50 g Maisstärke
1 TL Sambal Oelek
1 TL Salz
Olivenöl zum Braten

Zwiebel und Knoblauch schälen, halbieren und fein hacken. Alle Zutaten in der Küchenmaschine oder mit dem Handrührgerät zu einem glatten Teig verarbeiten. Falls dieser zu feucht ist, mehr Maisstärke zugeben, oder aber ein, zwei Esslöffel Wasser, falls er zu trocken ist.

16 Taler bzw. Bällchen formen.

In reichlich Öl ca. 3 Minuten von jeder Seite braten. Auf Küchenpapier abtropfen lassen. Im Pitabrot oder in Tortillas mit Sonnenblumensprossen oder Salat, Hummus (gekeimte Variante s. S. 70) und sauer eingelegten roten Zwiebeln genießen.

Sauer eingelegte Zwiebeln – Blitzrezept!

1 rote Zwiebel schälen, halbieren und in Scheiben schneiden. In eine kleine Schüssel legen, 1 EL Weiß- oder Rotweinessig sowie einen knappen ¼ TL Salz darübergeben und gut vermischen. Mindestens 20 Minuten ruhen lassen, dabei gelegentlich umrühren.

NUDELSUPPE MIT KOKOS & SPROSSENGRÜN

Meine Kollegin Sofia ist ein Profi im Kreieren neuer Rezepte.
Diese Suppe ist ein wunderbares Beispiel und gehört bei uns daheim zu den Favoriten:
Einfach zuzubereiten, wärmend und mit genau der richtigen Chilischärfe.

4 PERSONEN

200 g Mungbohnenkeimlinge
250 g Reisnudeln
1 EL Rapsöl
1 Karotte
2 TL rote Currypaste
1 Dose Kokosmilch (à 400 ml)
1 TL Tomatenmark
2 EL Fischsauce (oder japanische
    Sojasauce)
1 Gemüsebrühwürfel
1 TL Zucker
300 ml Wasser
2 TL Limettensaft, frisch gepresst
1 rote Paprika
Erbsen- und Radieschensprossen
    zum Garnieren

Die Reisnudeln nach Packungsanleitung garen, abgießen und mit dem Öl vermengen.

Die Karotte schälen und in dünne Scheiben schneiden. In einem Suppentopf zusammen mit der Currypaste ca. 1 Minute scharf anbraten.

Kokosmilch, Tomatenmark, Fischsauce, Brühwürfel, Zucker und Wasser hinzugeben, ca. 5 Minuten kochen lassen. Den Limettensaft angießen.

Die Paprika halbieren, entkernen und in Streifen schneiden. Zur Suppe geben.

Die Nudeln auf Suppenteller verteilen, die Suppe darübergeben und mit Mungbohnenkeimlingen sowie Erbsen- und Radieschensprossen garnieren.

WOK-BOHNEN MIT RÖSTZWIEBELN

Hier darf man mit Öl nicht geizig sein, nur mit richtig viel davon wird das Pfannengemüse auch richtig knusprig. Braten Sie bei starker Hitze und unter ständigem Rühren, damit nichts ansetzt.

4 PERSONEN
300 g gekeimte Mungbohnen
1 Stück frischer Ingwer (2 cm)
3 Knoblauchzehen
3 EL Rapsöl
¼ TL Chiliflocken
200 g grüne Buschbohnen (frisch oder TK)
1 EL japanische Sojasauce
2 TL Zucker
Salz
2 EL Röstzwiebeln

Ingwer und Knoblauch schälen und hacken.

Das Öl in einer Bratpfanne erhitzen. Knoblauch, Ingwer und Chiliflocken bei starker Hitze ca. 2 Minuten anbraten, dabei nicht zu viel Farbe nehmen lassen.

Die grünen Bohnen und die Mungbohnenkeimlinge dazugeben und gut vermischen.

Sojasauce, Zucker und Salz zugeben. Unter Rühren ca. 5 Minuten weiterbraten, bzw. bis alle Flüssigkeit verdampft ist.

Röstzwiebeln darüberstreuen und servieren.

KOREANISCHER GURKEN-SALAT MIT KEIMLINGEN

Mungbohnenkeimlinge verändern beim Garen ihre Textur vollständig: Sie verlieren ihre Knusprigkeit, gewinnen aber eine feste, nahezu fleischähnliche Konsistenz. Dieser Salat passt zu fast allem, zu Nudel- und Reisgerichten wie Bibimbap und Bratreis, aber genauso gut zu gebratenem Fisch und Grillfleisch.

4 PERSONEN
300 g gekeimte Mungbohnen
1 Gurke
1 Knoblauchzehe
1 TL Sriracha-Sauce (oder 1 TL Chiliflocken)
1½ EL Sesamöl
1½ EL Fischsauce (oder japanische Sojasauce)
1 EL Reisessig
1 EL geröstete Sesamsaat

Leicht gesalzenes Wasser zum Kochen bringen. Die Keimlinge hineingeben, kurz aufkochen lassen und sofort in ein Sieb abgießen. Mit kaltem Wasser abspülen, dann abtropfen lassen.

Die Gurke schräg in Scheiben hobeln (z. B. mit einem Käsehobel), in einen Durchschlag legen und die Feuchtigkeit mit den Händen herauspressen.

Knoblauch schälen und fein hacken. Mit Sriracha-Sauce, Sesamöl, Fischsauce und Essig mischen, Keimlinge und Gurken unterheben und mit Sesamsaat bestreuen.

Den Salat nach Möglichkeit vor dem Servieren eine halbe Stunde durchziehen lassen.

TAHIN-DRESSING

Tahin gehört zu den Dingen, deren Großartigkeit man anfangs vielleicht nicht richtig begreift, ist es doch meistens etwas bitter. Und ölig. Aber so nach und nach wird man dann doch süchtig nach dieser Sesampaste. Mich hat's erwischt!

CA. 150 ML
1 EL gekeimte Sesamsaat
3 EL Tahin (Sesampaste)
1 EL japanische Sojasauce
½ TL Honig
1 TL Limettensaft, frisch gepresst
½ Knoblauchzehe, gepresst
50 ml Wasser

Tahin, Sojasauce, Honig, Limettensaft und Knoblauch miteinander in einem Gefäß pürieren.

Bei laufendem Mixer das Wasser gleichmäßig einlaufen lassen. Falls die Sauce zu dick ist, etwas mehr Wasser zugeben.

Die gekeimten Sesamsamen unterheben.

GEKEIMTER HUMMUS

»Make hummus, not war!« – Alle Familien im Mittleren Osten haben ihr Hummus-Rezept. Da muss es doch auch eine Variante mit Keimlingen geben. Mit einem Glas Hummus im Kühlschrank kriegt man jedenfalls immer ein schnelles Essen auf den Tisch.

CA. 200 ML
200 g gekeimte Kichererbsen (oder gelbe Erbsen)
1 Knoblauchzehe
2 EL Tahin (Sesampaste)
2 EL Zitronensaft, frisch gepresst
½ TL Sambal Oelek
¼ TL Kreuzkümmel
½ TL Salz
4 EL Olivenöl

Die gekeimten Kichererbsen oder Erbsen in einer kleinen Kasserolle mit Wasser bedecken und 10 Minuten kochen lassen. Das Wasser abgießen.

Den Knoblauch schälen und fein hacken. Kichererbsen oder Erbsen mit Knoblauch, Tahin, Zitronensaft, Sambal Oelek, Kreuzkümmel, Salz und Öl in der Küchenmaschine oder mit dem Stabmixer pürieren. Mit etwas Wasser verdünnen, falls der Hummus zu dick ist.

Gelber Hummus

Kurkuma (Gelbwurz) verleiht Hummus eine schöne gelbe Farbe, doch nicht jeder kann sich an den Geschmack gewöhnen (manche lieben ihn!). Tasten Sie sich vorsichtig heran: Probieren Sie es anfangs mit einem halben Teelöffel auf eine Portion Hummus nach diesem Rezept.

SOJADIP MIT SENF & SESAM

In einer asiatischen Sauce erwartet man keinen Dijonsenf. Doch kosten Sie selbst, wie gut die Aromen hier zusammenwirken. Außerdem bindet der Senf das Dressing, das dadurch schön cremig wird. Probieren Sie diesen Dip zu Lachs, er passt aber auch zu vielem anderen.

CA. 150 ML

1 EL gekeimte Sesamsaat
50 ml japanische Sojasauce
½ EL Honig
1 EL Dijonsenf
1 ½ EL Olivenöl
1 EL Sesamöl
1 EL Reis- oder Weißweinessig
2 EL Senfsprossen

Die Sojasauce mit Honig, Dijonsenf, Olivenöl, Sesamöl und Essig zu einer glatten Emulsion aufschlagen.

Die Sesamkeimlinge hinzugeben. Senfsprossen schneiden und darüberstreuen.

OFENKÜRBIS MIT LINSENKEIMLINGEN & MANDELPESTO

Linsenkeimlinge sind lecker als knusprige Ergänzung zum weichen, süßen Kürbis.
Statt Kürbis kann man auch Süßkartoffeln nehmen.

4 PERSONEN

200 g Belugalinsen-Keimlinge

1 kg Kürbis (ca. 700 g geschälter Kürbis),
   z. B. Butternut

3 EL Olivenöl

1 TL Salz

1 Rezept Mandelpesto mit Rucola
   & Zitrone (s. S. 124)

evtl. Rucolasprossen zum Bestreuen

Den Ofen auf 225 °C vorheizen.

Den Kürbis schälen, von den Kernen befreien und in ca. 3 cm große Stücke schneiden. Diese auf ein mit Backpapier ausgelegtes Blech legen. Mit Olivenöl und Salz mischen.

Im Ofen auf der mittleren Schiene ca. 20 Minuten backen, bzw. bis der Kürbis weich ist.

Die Linsenkeimlinge mit einer Hälfte des Mandelpestos mischen und auf den Kürbisstücken verteilen.

Den Rest des Pestos in Klecksen darübergeben und nach Wunsch mit Rucolasprossen bestreuen.

KROSSE WASABI-ERBSEN

Eine coole Variante der bekannten Snacknüsse: Grüne Erbsenkeimlinge punkten hier mit ihrer schönen Farbe, aber lecker ist die Knabberei auch mit gekeimten Kichererbsen oder gelben Erbsen.

200 g gekeimte grüne Erbsen
2 EL Maisstärke
1–2 TL Wasabipulver
1 TL Salzflocken
Rapsöl zum Braten

Die Keimlinge auf ein Stück Küchenpapier geben, so gut es geht, vorsichtig trocken tupfen, dann in ein Gefäß füllen und vorsichtig in Maisstärke wenden.

Reichlich Rapsöl in einer Bratpfanne erhitzen. Die Erbsen bei starker Hitze 2 Minuten anbraten, dabei gelegentlich umrühren.

Wasabipulver und Salzflocken darüberstreuen, umrühren und 1 weitere Minute braten, bzw. bis die Erbsen knusprig-golden sind.

Auf Küchenpapier abtropfen lassen und möglichst sofort genießen, solange die Wasabi-Erbsen kross sind.

Oder Curry-Erbsen

Folgen Sie dem Rezept, doch ersetzen Sie den Wasabi durch ½ TL Curry und 3 Msp. Cayennepfeffer.

QUINOA-ERDNUSS-RIEGEL

*Flexible Knusperriegel – als Energiekick vor oder nach dem Training oder als Imbiss
zu einer Tasse Kaffee. Der leckere Crunch kommt durch die Keimlinge hinein.*

20 KLEINE RIEGEL

125 g gekeimtes Quinoa
  (oder Buchweizen)
8 frische Datteln
45 g Walnüsse
150 g Erdnussbutter
3–4 EL (ca. 20 g) Kokosraspel
3 EL Leinsaat
2 EL flüssiger Honig
1 Ei
¼ TL Salz

Den Ofen auf 125 °C vorheizen.

Die Datteln entkernen und fein hacken. Die Walnüsse hacken.

Alle Zutaten in eine große Schüssel geben und sorgfältig zu einem
gleichmäßigen Teig verarbeiten.

Eine rechteckige Form von ca. 25 × 15 cm mit Backpapier auskleiden,
die Mischung darin verteilen und flach andrücken (die Hände
anfeuchten, wenn der Teig sehr an den Fingern haftet).

Auf der mittleren Schiene des Ofens ca. 45 Minuten backen. Herausnehmen und etwas abkühlen lassen.

Das Backpapier mitsamt der gebackenen Platte aus der Form heben
und auf ein Schneidbrett setzen. Die Platte in 20 Stücke schneiden.

Dic Ricgcl für unterwegs eventuell einzeln in Plastikfolie oder
Backpapier verpacken. Im Kühlschrank aufbewahren oder einfrieren.

KAFFEE- & KOKOSBÄLLCHEN MIT GERÖSTETEM BUCHWEIZEN

Diese Bällchen schmecken besonders gut, wenn man nicht nur den Buchweizen,
sondern auch die Kokosraspeln röstet.

CA.20 BÄLLCHEN

75 g gekeimter Buchweizen

120 g Kokosraspel

12 frische Datteln

60 g Nüsse (z. B. Cashewkerne,
    Pekan- oder Haselnüsse)

½ TL Vanillepulver

3 EL kalter Espresso

¼ TL Salzflocken

2 EL Kakao

Kokosflocken, Kakao, Matcha-Pulver,
    gehackte Nüsse oder Sesamsamen
    zum Wälzen

Den gekeimten Buchweizen und die Kokosflocken in einer trockenen Pfanne unter Rühren 3–4 Minuten rösten. Sobald die Kokosflocken Farbe angenommen haben und der Buchweizen getrocknet ist, die Pfanne sofort vom Herd nehmen. Buchweizen und Kokosflocken in ein anderes Gefäß umfüllen und etwas abkühlen lassen.

Die Datteln entkernen.

Alle Zutaten zusammen in einer Küchenmaschine mit eingesetztem Messer zerkleinern, bis sie sich zu einem Teig verbinden. Alternativ die Zutaten in einem Mixer zerkleinern und zu einem homogenen Teig verarbeiten.

Bällchen aus der Paste formen und nach Belieben in Kokosflocken, Kakao, Matcha-Pulver, gehackten Nüssen oder Sesamsamen wälzen.

Im Kühl- oder Gefrierschrank aufbewahren.

TAMARI-GERÖSTETE SONNENBLUMEN-KEIMLINGE

Auch in der Pfanne geröstete Sonnenblumenkeimlinge ergeben knusprige Snacks. Mögen Sie es scharf, tauschen Sie die Kräuter gegen Chilipulver aus.

---

150 g (ca. 300 ml) Sonnenblumenkeimlinge
1 EL Tamari (oder andere japanische Sojasauce)
evtl. abgeriebene Schale einer ½ Bio-Zitrone und
   1 TL frische Kräuter, z. B. Thymian und Rosmarin

Die Sonnenblumenkeimlinge in eine trockene, vorgewärmte Pfanne geben. Tamari hinzufügen und umrühren. Bei mittlerer Hitze unter Rühren schmoren, bis alle Feuchtigkeit verdampft ist.

Die Keimlinge nun rösten, gelegentlich umrühren und darauf achten, dass sie nicht anbrennen. Die Keimlinge sind fertig, wenn sie eine goldene Farbe angenommen haben, völlig trocken sind und in der Pfanne knistern.

Nach Belieben gehackte oder gezupfte Kräuter und Zitronenabrieb hinzufügen. Die Sonnenblumenkeimlinge auf einen Teller schütten und abkühlen lassen.

GEKEIMTES SONNENBLUMEN-KARAMELL

Honig und Keimlinge vereinen sich zu knackigem Karamell. Genießen Sie es pur oder grob gehackt als Topping auf einem Salat oder einer Portion Vanilleeis.

---

150 g (ca. 300 ml) Sonnenblumenkeimlinge
3–4 EL Honig
¼ TL Salzflocken

Die Sonnenblumenkeimlinge in eine trockene, heiße Pfanne geben und unter Rühren scharf anbraten.

Die Temperatur reduzieren und die Keimlinge so lange rösten, bis sie völlig trocken sind und knistern. Weiter umrühren, damit sie nicht anbrennen.

Den Honig darübergeben, umrühren und ca. 1 Minute unter Rühren weiterrösten.

Die Masse dann sofort auf ein Backpapier gießen und flach ausstreichen. Salzflocken darüberstreuen und abkühlen lassen. In Stücke brechen.

SPROSSEN & MICROGREENS

Eine Handvoll Saat auf Papier, Erde oder das Gitter über einer Wasserschale gestreut und nach einer Woche schon können zarte Sprossen geerntet werden. Microgreens ist einfach nur ein anderes Wort dafür, allerdings ein sehr treffendes – geht es doch um frisches Gemüse im Miniaturformat: für feines Rucolapesto, für das i-Tüpfelchen auf dem Brokkolisalat oder Frühlingsrollen mit dem gewissen Etwas.

Microgreens, Sprossengemüse also, ist einfach eine Bezeichnung für Pflanzen, die sehr jung geerntet werden. Extrem jung, könnte man sagen. Von Keimlingen unterscheidet sie, dass Sprossen geschnitten werden: Man isst Stängel und Blätter, aber nicht Samenkorn und Wurzeln. Fertig zum Verzehr sind Sprossen gewöhnlich nach ein bis zwei Wochen. Sie haben dann ihre ersten Blättchen entwickelt, die Keimblätter, die bei den meisten Pflanzen recht ähnlich aussehen. Erst im nächsten Stadium, wenn sich die eigentlichen Blätter herausbilden, beginnt die Pflanze, ihr charakteristisches Aussehen anzunehmen.

Anders als Keimlinge, die sich im Dunklen entwickeln, müssen Sprossen Energie aus Sonnenlicht gewinnen und in grünes Chlorophyll umwandeln können. Zunächst aber durchlaufen natürlich auch sie das Stadium der Keimung.

Viele der Saaten, die wir essen, können zu Grünsprossen gezogen werden, vorausgesetzt, ihre Keimfähigkeit ist nicht durch irgendeine Form von Behandlung beeinträchtigt. Leider sind nicht alle schmackhaft. So sind Leinsamen überall erhältlich und bringen schöne grüne Sprossen hervor, doch sie haben einen unangenehm bitteren Geschmack. Andere Sprossen werden schnell faserig oder holzig.

Wie etwa Weizensprossen, die als Weizengras im »Living Food«-Ernährungskonzept ganz im Zentrum gesunder Ernährung stehen, doch schwer verdaulich sind, falls man kein Wiederkäuer ist. Menschen lösen das Problem, indem sie aus Weizengras Saft pressen.

Für dieses Kapitel habe ich Sprossen ausgewählt, die einfach zu ziehen sind und mir selbst gut schmecken. Manche Saat muss eventuell online bestellt werden, aber auch in gut sortierten Reform- und Naturkostläden und im Gartenbedarfshandel kann man Saaten für den Anbau von Sprossengemüse finden.

Einweichen

Größere Samen, z. B. Erbsen, Mungbohnen und Sonnenblumenkerne mit Schale, sollte man einweichen. Acht bis zwölf

Senfsprossenernte nach einer Woche.

Stunden sind dafür meist ausreichend, aber bis zu 24 Stunden Einweichzeit sind durchaus gut und hilfreich, um sicherzustellen, dass auch alle keimfähigen Körner in Gang kommen. Spülen Sie die Samen zunächst in einem Durchschlag ab und legen Sie sie dann in reichlich kaltes Wasser. Da sie stark quellen, sollte man auf einen Teil Saat drei Volumenteile Wasser rechnen. Gewöhnen Sie sich an, die Saat nach dem Einweichen auf nicht gequollene, beschädigte und verfärbte Körner zu untersuchen. Sie müssen entfernt werden.

Kleinere Samen, wie die von Brokkoli, Senf oder Radieschen, kann man ebenfalls einweichen, aber da sie auch ohne dies keimen, verzichte ich gewöhnlich darauf. Rucola-, Kresse- und Chiasamen gehören zu der Gruppe von Saaten, die gar nicht eingeweicht werden sollten: Kommen sie mit Wasser in Berührung, legen sie eine schützende Gallerthülle um sich herum und gelieren beim Einweichen zu einer einzigen Masse, die schlecht zu handhaben ist. Diese Sorten zieht man einfacher direkt auf Papier.

Anzucht

Es gibt verschiedene Verfahren, Sprossengemüse zu ziehen: in Erde, auf Papier oder in Wasser (auch Hydrokultur genannt).

Die Anzucht in Erde hat Vor- und Nachteile: Einerseits erfordert diese Methode wenig Aufmerksamkeit, sobald Keimung und Sprossenwachstum eingesetzt haben, denn Erde hält die Feuchtigkeit besser als zum Beispiel Papier.

Andererseits ist das Handling vielleicht etwas umständlicher und es besteht immer die Möglichkeit, dass etwas Erde an den frisch geschnittenen Sprossen haftet. Das betrifft insbesondere die niedrigen Sprossen kleinkörniger Saat. Für sie ist die Anzucht auf Papier die elegantere Lösung. Für hohe Sprossen, zum Beispiel Sonnenblumen oder Erbsen mit ihren langen Stängeln, ist Erde kein Problem.

Die Grundregel in der Sprossenzucht lautet: Immer so dicht wie möglich säen. Sprossen wachsen nicht zu großen Pflanzen heran, bilden weder Wurzeln noch Stängel und Blätter vollständig aus und haben einen entsprechend geringen Platzbedarf.

Jahreszeit, Zimmertemperatur, Licht und Wärme bestimmen, wie gut und schnell die Sprossen heranwachsen. Erstaunlich ist dabei, wie wenig Licht sie benötigen, um es mit Kohlendioxid zusammen in das Energiepotenzial von grünem Chlorophyll umzuwandeln. Verzagen Sie also nicht, wenn Sie nur ein Fenster nach Norden haben und im tiefsten Winter Appetit auf Radieschen- oder Rucolasprossen bekommen – Sie werden dennoch in einer Woche frisches Grün ernten können. Sprossen brauchen weniger Sonnenlicht als voll ausgewachsene Pflanzen ihrer Art. Langsamer wachsende Sprossen wie die von Erbsen und Sonnenblumen gedeihen allerdings am besten bei gutem Licht. Stehen sie zu schattig, verwenden sie alle Energie darauf, die Stängel Richtung Licht auszustrecken: Sie werden lang und dünn und tragen weniger Blätter.

Methoden

Manche Sprossen wachsen einfach, ganz gleich wie Sie vorgehen. Andere bevorzugen bestimmte Bedingungen. Hier gebe ich Hinweise, welche Methode nach meiner Erfahrung jeweils am besten geeignet ist.

In Erde

Benutzen Sie gewöhnliche Anzuchterde. Für die Sprossenzucht wird keine tiefe Erdschicht benötigt, zwei oder drei Zentimeter reichen völlig. Blumentöpfe sind also überflüssig. Wenn aber die Untersetzer eine kleine Kante haben, können Sie sie gut für Sprossen verwenden. Stehende Nässe vermeiden Sie am besten, indem Sie Gefäße mit einem Loch nehmen, durch das überschüssiges Wasser ablaufen kann.

Ein einfacher Trick ist, Plastikschalen wiederzuverwenden, in denen zum Beispiel Beeren verkauft werden, oder Einweg-Aluschalen, in die man mit einer Gabel Löcher sticht. Eine Keimbox mit mehreren Etagen funktioniert natürlich ebenfalls, doch nutzen Sie zum Sprossenziehen lieber nur eine einzige Ebene über der Auffangschale: Es lässt sich sonst kaum vermeiden, dass beim Bewässern Erde in die unteren Stockwerke gespült wird und dort die Sprossen verunreinigt.

Meiner Ansicht nach lassen sich Sprossen durchaus ganz unproblematisch auch in Gefäßen ohne Ablauf ziehen, solange man nicht übermäßig gießt – die Erde soll stets feucht, aber niemals durchnässt sein. Nur für Sonnenblumensprossen, mit denen man nach meiner Erfahrung leider nicht immer Glück hat, sind Gefäße mit Ablauf eine gute Investition.

Eine andere clevere Idee sind der Länge nach halbierte Milchpackungen. Sie müssen natürlich gründlich ausgewaschen werden, bevor sie als Anzuchtschalen dienen können.

So geht's: Füllen Sie das Gefäß Ihrer Wahl mit zwei bis drei Zentimetern handelsüblicher Anzuchterde. Verteilen Sie sie gleichmäßig. Befeuchten Sie sie mit Wasser aus einer Sprühflasche. Streuen Sie die Samen (trocken oder eingeweicht, je nach Sorte) gleichmäßig auf die Erde. Fallen zu viele an eine Stelle, verteilen Sie sie mit der Hand. Wie dicht sie liegen sollten, hängt von der Saat ab: Feinere Saat sollte recht dicht liegen (wenn auch nicht in Schichten übereinander), größere Samen, zum Beispiel Erbsen, Mungbohnen und Sonnenblumenkerne, werden etwas spärlicher gelegt. Bedenken Sie, dass sie mit beginnendem Wachstum anschwellen.

»Verankern« Sie die Samen im Boden, indem Sie sie leicht mit der Hand andrücken (jedoch nicht hineindrücken oder mit Erde bedecken). Geben Sie noch einmal Wasser aus der Sprühflasche und achten Sie darauf, dass alle Samen angefeuchtet werden.

Das Gefäß kann auf der Küchenarbeitsplatte stehen, dabei aber geschützt vor direkter Sonneneinstrahlung. Für den Moment haben die Samen von Sonnenenergie noch keinen Nutzen, doch auch wenn sie unter natürlichen Bedingungen in der Erde liegen, habe ich beobachtet, dass ihre Entwicklung nicht leidet, wenn die Anzuchtschale nicht absolut dunkel steht.

Befeuchten Sie die Saat ein- bis zweimal täglich. Prüfen Sie die Erde gelegentlich. Wenn es im Raum sehr trocken und warm ist, kann es sein, dass die Samen eine weitere Wassergabe benötigen. Falls Sie befürchten, dass sie dennoch austrocknen, oder Sie voraussehen, dass Sie für eine Weile nicht zum Begießen kommen werden, decken Sie die Schale mit

Plastikfolie ab, jedoch nicht luftdicht (bzw. mit einigen Löchern in der Folie).

Fühlen Sie auch regelmäßig, ob die Erde eventuell zu nass ist. Die Samen selbst verbrauchen noch keine großen Mengen Wasser.

Je nach Sorte brechen nach ein bis drei Tagen kleine Keime hervor. Nun ist es so weit, dass die zukünftigen Grünsprossen ans Licht kommen. Auf der Fensterbank ist der beste Platz, aber irgendwo in der Nähe eines Fensters ist gut genug. Eine eventuelle Abdeckung können Sie jetzt abnehmen, aber zuweilen belasse ich sie auch noch einen oder mehrere Tage, gerade im Winter: Die Folie hält nicht nur die Feuchtigkeit, sondern auch das kleine bisschen Wärme, dass die wachsenden Pflänzchen erzeugen. Im Sommer dagegen muss man achtgeben, dass es unter der Folie nicht zu warm und feucht wird – in einer solchen Sauna können Keimlinge am Hitzschlag sterben!

Bewässern Sie die austreibenden Sprossen weiterhin regelmäßig so, dass die Erde immer feucht ist, nie durchnässt. Nehmen Sie bei der Gelegenheit kleine Kostproben, um herauszufinden, wann Ihnen die Sprossen am besten schmecken. Kleine Samen bringen genussreife Sprossen in fünf bis sieben Tagen hervor, größere brauchen bis zu zehn, manchmal 14 Tagen.

Verbrauchte Erde kann man in Blumenbeete leeren oder zum Kompost bringen. Die direkte Wiederverwendung ist eher ungünstig, da zurückgebliebene Samenreste anfangen könnten zu faulen, wenn die Erde für die nächste Anzucht wieder angefeuchtet wird.

Auf Papier

Der Anbau auf Papier ist einfach elegant. Wer erinnert sich nicht, als Kind Kressesaat auf ein angefeuchtetes Stück Küchenpapier oder Tuch gestreut und dann beobachtet zu haben, wie die kleinen Wesen zum Leben erwachten? Das »Kresseprinzip« gilt nach wie vor. Besonders für kleine, schnell wachsende Sprossen wie Rucola, Radieschen, Kresse und Brokkoli eignet sich diese Methode. Nur die alten Baumwolltücher sollten Sie vergessen – wer will schon fusseligen Sprossen essen? Zudem lassen sich die Samen auf einem Tuch nicht so schön gleichmäßig verteilen und es erzeugt unnötige Kosten, funktioniert doch gewöhnliches Haushaltspapier mindestens gut.

Es gibt sogar spezielles Anzuchtvlies oder -papier zu kaufen (meist als Zubehör zu bestimmten Keimgeräten, zum Beispiel passend zu Keimboxen mit runden Schalen). Das ist sicher praktisch in der Anwendung, aber ich bleibe bei meiner Vorliebe für gewöhnliches Küchenpapier.

Die Papiermethode unterscheidet sich nicht sonderlich von der Anzucht in Erde, außer dass sie etwas einfacher ist. Auch mit Papier kann man Gefäße mit oder ohne Wasserablauf verwenden. Ein gewöhnlicher Teller eignet sich ebenso gut wie ein Blumentopfuntersetzer oder eine längs halbierte Milchpackung.

Wenn Sie eine besitzen, ist eine Keimbox mit mehreren Etagen hier nun ideal. Mit einem Keimvlies oder einem Stück Küchenpapier in jeder Etage lassen sich verschiedene Sorten auf kleiner Fläche gleichzeitig ziehen.

So geht's: Nehmen Sie eine Schale oder einen Teller und legen Sie drei oder vier Lagen Küchenpapier hinein (oder ein Keimvlies). Durchfeuchten Sie das Papier mit Wasser aus der Sprühflasche, sodass es sich ganz glatt ausbreitet. Wenn es sich faltet oder uneben liegt, lassen sich die Samen nicht gut gleichmäßig verteilen. Streuen Sie die Saat (eingeweicht oder trocken, je nach Sorte) gleichmäßig über die ganze Papierfläche. Säen Sie dicht, jedoch ohne dass die Samen übereinanderliegen. Besprühen Sie die Samen sorgfältig, sodass alle angefeuchtet werden.

Da Papier leichter austrocknet als Erde, lege ich sicherheitshalber eine Plastikfolie über meine Gefäße, jedoch nicht dicht abschließend (im Zweifel stechen Sie einige Löcher hinein). Über eine Keimbox lässt sich einfach eine saubere Plastiktüte stülpen, um die Feuchtigkeit zu bewahren.

Die Sämlinge können in der Küche auf der Arbeitsfläche stehen, allerdings lieber ein wenig im Schatten als in direktem Sonnenlicht. Sollte es sehr hell sein, legen Sie ein Tuch darüber. In diesem Stadium haben die Samen zwar keinen

ANZUCHT AUF PAPIER – SCHRITT FÜR SCHRITT

1. Legen Sie drei Lagen Küchenpapier auf einen Teller. Durchfeuchten Sie das Papier mit Wasser. Achten Sie darauf, dass es flach und glatt liegt.

2. Streuen Sie die Saat auf das Papier.

3. Besprühen Sie die Samen mit Wasser, bis alle gründlich angefeuchtet sind.

4. Decken Sie alles mit Plastikfolie ab. Verschließen Sie sie nicht luftdicht bzw. stechen Sie einige Löcher hinein.

5. Befeuchten Sie die Anzucht mindestens zweimal täglich. Nehmen Sie die Folie ab und stellen Sie die Sprossen ans Licht, sobald sie nach oben streben.

6. Ernten und genießen!

Nutzen von Sonnenlicht, gleichzeitig ist für ihre gute Entwicklung aber auch keine absolute Dunkelheit erforderlich.

Behalten Sie die Sämlinge nun gut im Auge, damit sie nicht versehentlich austrocknen – ein Nachteil der Papiermethode gegenüber der Anzucht in Erde. Besprühen Sie sie zwei- bis dreimal täglich mit Wasser. Die Saat soll feucht sein, aber nicht schwimmen. Wie häufig sie angefeuchtet werden muss, hängt auch von der jeweiligen Zimmertemperatur und Luftfeuchtigkeit ab.

Nach ein oder zwei Tagen beginnen die Samen aufzuspringen.

Lassen Sie die Keime ruhig einige Zentimeter zulegen, bevor Sie sie auf dem Fensterbrett (oder jedenfalls in Fensternähe) ans Licht stellen. Fenster nach Süden haben maximalen Lichteinfall, aber es funktioniert an Fenstern jeder Ausrichtung.

Die Folie kann noch einen oder zwei Tage helfen, die Luftfeuchtigkeit unter der Abdeckung zu halten, in der kalten Jahreshälfte auch das wenige an Wärme, das die wachsenden Sprossen selbst erzeugen. Im Sommer aber gilt es, darauf zu achten, dass es für die Sämlinge nicht zu warm wird. Dann ist es schon besser, die Feuchtigkeit ohne Folie unter Kontrolle zu halten.

Hören Sie nicht auf, die kleinen Pflänzchen jeden Tag zwei-, dreimal zu befeuchten, sodass sie immer gleichmäßig feucht gehalten werden.

In Wasser

Samen, die lediglich Sprossen hervorbringen sollen, verlangen eigentlich nur zwei Dinge: Licht und Wasser. Hydroponische Kultivierung, also die Anzucht in Wasser, ist sehr smart – die Saat liegt in einem Gitterfach über einem Wasserbehälter, in den die Wurzeln hineinwachsen können. Im Großen und Ganzen versorgen sich die Sprossen selbst, nur das Wasser muss gewechselt und der Behälter gelegentlich gereinigt werden, damit alles hygienisch bleibt. Wollte man, dass die Sprossen länger und zu größeren Pflanzen heranwachsen, bräuchten sie außerdem eine Nahrungsquelle – entweder Erde oder, wie in der klassischen Hydrokultur,

eine Nährstofflösung, die dem Wasser zugesetzt wird. Doch für zusätzliche Nahrung gibt es keinen Grund bei einer Kultur, die nur eine bis maximal drei Wochen besteht: Alles, was die Sprosse außer Licht und Wasser braucht, findet sie im Samenkorn.

Ich persönlich finde, dass die Wasserkultivierung am besten für großkörnige Saaten wie Erbsen und Mungbohnen geeignet ist. Sie haben eine etwas längere Entwicklungszeit und da ist es von Vorteil, dass sie sich über die hinabhängenden Wurzeln selbst mit so viel Wasser versorgen, wie sie brauchen.

Man kann spezielle Behälter mit Gittern kaufen, sowohl für die größeren Samen, als auch feinmaschige für kleinkörnige Saaten.

Wenn Sie eine Keimbox mit mehreren Etagen besitzen, können Sie sie für die hydroponische Anzucht zwar nicht als Turm benutzen, aber immerhin ganz pfiffig umbauen: Stellen Sie jede Keimschale für sich in ein größeres Gefäß, zum Beispiel eine Auflaufform mit Rand. Füllen Sie Wasser ein, bis knapp unter den Gitterboden der Keimschale, dann können sich die Samen mit ihren Wurzeln schnell durch das Gitter ins Wasser tasten.

So geht's: Wählen Sie das Gitterfach entsprechend der Korngröße. Setzen Sie es auf den Wasserbehälter (bzw. die Gitterböden der Keimbox in eine Form). Füllen Sie Wasser bis knapp unter die Gitterkante ein. Streuen Sie die Saat (trocken oder eingeweicht, je nach Sorte) dicht und gleichmäßig auf dem Gitter aus. Besprühen Sie die Samen mit Wasser aus einer Sprühflasche, bis alle angefeuchtet sind. Decken Sie alles mit einer Plastikfolie ab, jedoch nicht luftdicht (oder stechen Sie einige kleine Luftlöcher hinein). Stellen Sie die Kultur auf die Küchenarbeitsplatte, nicht notwendigerweise ins Dunkle, aber auch nicht in direktes Sonnenlicht. Achten Sie darauf, dass die Samen ihre Feuchtigkeit behalten; besprühen Sie sie ein- oder zweimal täglich. Nach einigen Tagen, die genaue Anzahl hängt von der Sorte ab, entwickelt sich der Keim. Warten Sie ein oder zwei weitere Tage, in denen sich der Keim etwas aufrichten kann. Dann ist es so weit, die Keimlinge ans Licht zu stellen, auf die Fensterbank oder in Fensternähe. Südfenster sind ideal, aber auch an allen anderen Fenstern geht das Wachstum gewöhnlich gut voran.

Nach wenigen Tagen, vielleicht schon nach einem, beginnen die Wurzeln, sich nach unten ins Wasser zu tasten. Dann kann man das Gitterfach abnehmen, den Wasserbehälter säubern und mit frischem Wasser füllen. Setzen Sie das Gitter vorsichtig zurück, ohne die Wurzeln zwischen den Kanten einzuklemmen.

Machen Sie es sich zur Angewohnheit, den Wasserbehälter spätestens jeden zweiten Tag abzuwaschen und frisch zu befüllen. Während der ersten Tage sollten Sie die Samen auch mit Wasser anfeuchten. Hängen die Wurzeln aber erst vollständig im Wasser, versorgen sich die Sprossen ganz allein.

Ernten

Sobald sich die ersten Blättchen, die Keimblätter, entwickelt haben, sind die Sprossen erntereif. Schneiden Sie nach Bedarf, die übrigen lassen Sie weiterwachsen. Geschmack und Textur dieser Sprossen werden sich allmählich verändern. Die anfängliche Zartheit vergeht zwar, aber die meisten Sprossen bleiben sehr schmackhaft, bis sich die nächsten Blätter zeigen (manchmal auch darüber hinaus). Ernten Sie immer nur so viel, wie Sie gerade verarbeiten wollen: Am leckersten und knackigsten sind frisch geschnittene Sprossen. Und darum geht es ja beim eigenen Anbau – um den unmittelbaren Genuss!

Aufbewahren

Bestimmte Sprossen, wie Rucola oder Brokkoli, können lange heranwachsen, ohne dass sich die Textur verändert, und ihr charakteristischer Geschmack kann sich mit der Zeit sogar besser herausbilden. Andere, wie Senf, Chia oder Radieschen, sind ganz zart am leckersten. Schaffen Sie es nicht rechtzeitig, alle Sprossen aufzuessen, können Sie sie komplett im Anzuchtgefäß in den Kühlschrank stellen. Damit reduziert sich das Wachstum auf ein Minimum, sodass man in aller Ruhe noch einige Tage ernten kann. Diese Methode empfiehlt sich besonders für alle zarten Sprossen, die nach der Ernte schnell schlaff werden.

Größere Sprossen, wie Sonnenblumen oder Erbsen, bekommen eine holzige, grobe Textur, wenn sie zu lange wachsen dürfen, halten sich dafür aber auch nach der Ernte wunderbar. Man sollte sie lieber rechtzeitig schneiden und in einer luftigen Tüte oder Schachtel im Kühlschrank verwahren. Machen sie dennoch einen traurigen Eindruck? Frisch abgespült oder einen Augenblick in kaltes Wasser gelegt, erholen sie sich schnell. Hochgewachsene Sprossen können Sie auch in einem Glas Wasser in den Kühlschrank stellen.

Bereits 1896 gibt der Kochbuchautor Charles Emil Hagdahl Tipps zur Kressezucht in *Kokkonsten som vetenskap och konst* [*Die Kochkunst als Wissenschaft und Kunst*].

»Ihre Samen wachsen mit solch großer Leichtigkeit, dass man sich das ganze Jahr über mit Kresse versorgen kann, denn im Winter werden sie in Kästen, Schüsseln oder Teller gesät, die mit Erde gefüllt sind und ihren Platz in der Küche haben können. Auch kann man Hadernpapier oder Wolltücher anfeuchten und darauf säen, und kann schnell Kresse ernten, wenn man sie an einen warmen Platz stellt. Eine Flasche, mit nassem Werg umwickelt, in das Kressesaat gestreut wurde, verwandelt sich bald in eine grünende Pyramide.«

SPROSSE FÜR SPROSSE

Alfalfa

Wenn über Alfalfa gesprochen wird, denken die meisten an Keimlinge, doch tatsächlich bringen die Samen auch munter Sprossen hervor. Alfalfa-Saat ist billig, leicht zu bekommen und frohwüchsig – mit anderen Worten: eine wunderbare Methode, sich übers Jahr mit Gemüse zu versorgen.

PASST ZU …

Ähnlich wie die Keimlinge erinnern Alfalfasprossen im Geschmack an Erbsen, jedoch mit weniger erdigen Nuancen. Sie schmecken im Salat, auf dem Butterbrot oder püriert im Smoothie – warum nicht auch einmal in einem Saft aus Obst und Gemüse?

EINKAUF

Verwenden Sie die gleiche Alfalfa-Saat wie für Keimlinge. Sie finden sie in größeren Lebensmittelgeschäften, im Internet und in Reform- oder Naturkostläden.

METHODE

Ziehen Sie Alfalfasprossen direkt auf Papier. Die Samen müssen nicht eingeweicht werden, sondern können direkt auf feuchtes Papier gestreut werden.

SO GEHT'S …

Folgen Sie der Papiermethode. Die Sprossen können nach vier bis sechs Tagen geschnitten werden. Falls Sie die Entwicklung drosseln wollen, stellen Sie die Anzuchtschale in den Kühlschrank und ernten Sie von dort aus nach Bedarf.

Erntereife Brokkolisprossen.

Einweichen: nicht erforderlich
Sprossenentwicklung: 4–6 Tage
Saatbedarf: 1 EL Saat reicht für eine Schale von ca. 18 cm Durchmesser.

Brokkoli

Brokkolisprossen sind einfach und schnell heranzuziehen, sogar hinsichtlich der Temperatur sind sie vollkommen unkompliziert. Ihre Familienzugehörigkeit können sie freilich nicht verleugnen: Schon im Heranwachsen verströmen sie sehr bald den unverwechselbaren Geruch der Gattung Kohl. Überraschend mild ist dagegen ihr Geschmack.

In wissenschaftlichen Untersuchungen konnte die Wirksamkeit von Brokkolisprossen gegen bestimmte Krebsarten gezeigt werden. Der Witz ist: Brokkoli enthält mit Sulforaphan einen pflanzlichen Schutzstoff, den auch wir Menschen für uns nutzen können. Je reifer nun aber der Brokkoli, desto geringer sein Gehalt an Sulforaphan. Das bedeutet, dass voll ausgereifter Brokkoli zwar durchaus gesund ist, doch just von diesem Wirkstoff enthalten seine Sprossen die 20- bis 50-fache Menge.

PASST ZU …

Brokkolisprossen schmecken mild und nicht so aufdringlich nach Kohl wie ausgewachsener Brokkoli oder andere Kohlverwandte. Sie machen sich gut im Smoothie mit Beeren und anderen Früchten, frisch über den Salat geschnitten oder als Topping auf einem Frischkäsebrot mit Kräutersalz.

EINKAUF

Brokkolisaat für die Sprossenzucht wird in manchen Reform- und Naturkostgeschäften verkauft, vor allem aber über Websites, die sich auf gesundheitsfördernde Nahrungsmittel spezialisiert haben. Geben Sie »Brokkolisamen« oder »Brokkolisprossen« als Suchwort ein.

METHODE

Am einfachsten ist die Aussaat direkt auf Papier. In diesem Fall kann es aber von Vorteil sein, wenn Sie auf Ihr Keimglas oder Sieb zurückgreifen. Das ist dann besonders praktisch, wenn man die ganze Pflanze samt Saatkorn, Stiel und Keimblättern in einen Smoothie mixen will: So kann man sich einfach nach Belieben aus dem Glas bedienen!

SO GEHT'S …

Folgen Sie der bevorzugten Methode. Ob Papier, Glas oder Sieb: Die ersten Keime brechen schon nach 24–48 Stunden hervor. Entfernen Sie dann gegebenenfalls die Folienabdeckung und stellen Sie die Sämlinge ans Licht. Nach fünf bis sieben Tagen sind die Sprossen fertig. Sämlinge auf Papier werden zur Ernte so knapp wie möglich über dem Papier abgeschnitten (samt Samen und Wurzel aufgenommen, lassen sie sich auch im Ganzen verwenden). Brokkolisprossen halten sich mehrere Tage appetitlich zart, womöglich schmecken sie Ihnen sogar dann am besten, wenn sich das erste Blattpaar nach den Keimblättern entfaltet hat.

Einweichen: nicht erforderlich
Sprossenentwicklung: 5–7 Tage
Saatbedarf: 1 EL Saat reicht für eine Schale von ca. 18 cm Durchmesser.

Grüne und gelbe Erbsen

Die Stars unten den Sprossen! Ich bin immer wieder beeindruckt. So kleine, unansehnliche, trockene Erbsen können sich zu derart prächtigen, weitrankenden Sprossen entwickeln? Sicher, etwas Zeit brauchen sie dazu, fast zwei Wochen. Aber das ist es garantiert wert!

PASST ZU …

Eine Grundregel lautet: Große Samen geben große Sprossen. Verglichen mit Rucola- oder Alfalfasaat beispielsweise sind Erbsen groß. Sie bilden lange, milde Sprossen mit der Erbsen eigenen Süße. Im Restaurant wird jedes zweite Gericht mit Erbsensprossen garniert. Kein Wunder, gelingt es diesen kringeligen Sprossen doch, jede Suppe, jeden Salat und jedes beliebige Stück Fleisch besonders fein aussehen zu lassen.

EINKAUF

Grüne Trockenspeiseerbsen, aus denen man gewöhnlich Erbsensuppe kocht, gibt es praktisch in jedem Supermarkt zu kaufen. Getrocknete gelbe Erbsen sind seltener, in wohlsortierten Geschäften aber zu finden. Schälerbsen, sogenannte »Schnellkocherbsen«, sind vorbehandelt und werden nicht keimen, auch mit Splitter- bzw. Spalterbsen lohnt der Versuch nicht.

METHODE

Ziehen Sie grüne wie gelbe Erbsen in Erde oder Wasser. Beide Verfahren funktionieren gut. Den Vorteil, mehrmals ernten zu können, bietet aber nur Erde: Sie versorgt die Sprossen mit den nötigen Nährstoffen.

SO GEHT'S …

Ob Erd- oder Wasserkultivierung, Erbsen müssen zunächst mindestens 12 Stunden in kaltem Wasser einweichen. Damit wird nicht nur die Keimung angestoßen, es hilft auch dabei, nicht keimfähige Samen auszusortieren. Gehen Sie die Erbsen nach dem Einweichen sorgfältig durch: In allen, die nun aufgequollen, also größer sind, ist das Leben in vollem Gange. Entfernen Sie alle Erbsen, die nach wie vor klein sind, außerdem die beschädigten oder verfärbten.

Schütten Sie die Erbsen auf das Gitter Ihrer Wasserkultur oder aber auf die Erde, wo sie die Samen leicht mit der Hand andrücken, damit sie gut mit der Erde in Kontakt kommen. Je nach gewählter Methode decken Sie das Ganze mit Plastikfolie und/oder einem Handtuch ab. Befeuchten Sie die Erbsen gelegentlich mithilfe der Sprühflasche, doch achten Sie darauf, dass die Erde nicht durchnässt.

Nach zwei bis vier Tagen kann man bereits winzige Keimsprossen nach oben streben sehen. Dann ist es Zeit, das Gefäß ans Licht zu stellen.

Je nach Jahreszeit und Lichtverhältnissen sind die Sprossen nach neun bis zwölf Tagen so weit und Sie können sie direkt unterhalb der untersten kleinen Blättchen abschneiden.

Sollten Sie später ein weiteres Mal ernten wollen, müssen Sie mit der Schere etwas höher am Stängel, oberhalb des zweiten Blattpaares, ansetzen. Das können Sie nochmals wiederholen, doch die Anzuchterde wird nach und nach auslaugen und im Zuge dessen wird der Geschmack des Erbsengrüns mit jeder Ernte schwächer. Bei einer Hydrokultur müssen Sie kosten und ausprobieren, ob sich mehrfaches Ernten in geschmacklicher Hinsicht überhaupt lohnt.

Anders als kleinere Sorten sind Erbsensprossen robust und unempfindlich. Wenn sie zu lange wachsen, werden ihre Stängel zäh und fad. Ernten Sie sie besser rechtzeitig und verwahren Sie sie im Kühlschrank in einer nur locker verschlossenen Tüte oder Dose, sodass sie noch Luft bekommen. So können Sie sie zwei Wochen lang frisch halten. Und sehen sie doch einmal welk aus, dann gönnen Sie ihnen eine Dusche oder ein erfrischendes Bad in einer Schale mit kaltem Wasser.

Einweichen: 12–24 Stunden
Sprossenentwicklung: 9–12 Tage
Saatbedarf: 2–3 EL Erbsen reichen für eine Schale von ca. 18 cm.

Gartenkresse

Mit Kresse hat es etwas Besonderes auf sich, denn lange bevor von »Microgreens« gesprochen wurde, hat Kresse schon auf Baumwolle oder Küchenpapier gekeimt. Ihr würziger Duft trägt mich persönlich jedenfalls direkt zurück zu den Fensterbänken aus Kindertagen. Ganz klar, dass Kressesprossen Kindern einfach Spaß machen: schnell, unkompliziert – und nicht zu herb.

PASST ZU …

Gartenkresse passt immer, wenn nur noch ein Hauch frischer Schärfe fehlt. Bald glaubt man, es geht nicht ohne ein, zwei Prisen Kresse – auf dem Käsebrot zum Frühstück, auf Ofenpfannkuchen und Auflauf, wieso eigentlich nicht auch statt Koriander zu den Tacos am Freitagabend? Probieren Sie Kresse unbedingt auch mit Knoblauch oder Zitronenabrieb in Kräuterbutter!

EINKAUF

Die Saat der Gartenkresse bekommt man in gewöhnlichen Lebensmittel-, Reform- und Naturkostgeschäften, im Gartenbedarfshandel und im Internet. Botanisch nicht verwandt sind die ebenfalls schmackhaften Namensvettern Brunnenkresse und Winterkresse (Barbarakraut). Diese Sorten erntet man üblicherweise nicht schon als Grünsprossen, ihre

Saat wird daher meist in kleineren Packungen angeboten. Das kann für die Sprossenzucht etwas teuer werden.

METHODE

Papier ist hier selbstverständlich die erste Wahl (obwohl Erd- und Hydrokulturen ebenfalls funktionieren), angesichts der schnell wachsenden Sprossen, die noch dazu zart und jung am besten schmecken. Die Samen sind gelbildend, vermeiden Sie also jedes Einweichen und streuen Sie sie lieber direkt auf feuchtes Papier.

SO GEHT'S …

Folgen Sie der Papiermethode. Kresse wächst zügig und kann bereits nach vier bis fünf Tagen geerntet werden. Die anfängliche Schärfe nimmt mit der Zeit ab. Es ist also Geschmackssache, ob man sofort erntet oder abwartet, bis das Aroma um den zehnten Tag herum milder wird.

Wenn der Geschmack für Sie perfekt ist, können Sie die Anzuchtschale in den Kühlschrank stellen. Die Kresse lebt weiter, stellt aber das Wachstum nahezu vollständig ein. Geschnittene Sprossen welken schnell, ernten Sie also immer nach Bedarf.

Einweichen: nicht erforderlich
Sprossenentwicklung: 4–5 Tage
Saatbedarf: 1 EL Saat reicht für eine Schale von ca. 18 cm Durchmesser.

Rucola

Anders, als sein italienischer Name vermuten lässt, gedeiht Rucola auch in kühlerem Klima und ist zum Ziehen von Sprossen geradezu ideal, nicht zuletzt im Winter. So verwunderlich ist das vielleicht gar nicht, wenn man bedenkt, dass Rucola seit Jahrhunderten in Mitteleuropa angebaut wird,

wenn auch als, was nicht ganz so verlockend klingt, Senf- oder Stinkrauke. Erst in den 1990er-Jahren avancierte sie bei uns unter italienischem Namen zum Trendsalat Nummer 1.

PASST ZU …

Sie sind nicht ganz so pfeffrig wie die ausgewachsene Pflanze, sondern haben ein mildes, leicht nussiges Aroma: Schneiden Sie Rucolasprossen über den Tomatensalat oder das Avocado-Sandwich. Die Sprossen bringen nicht nur Farbe und Geschmack in ein Pesto, sondern ergänzen viele andere kalt gerührte Saucen, Dips und Vorspeisen.

EINKAUF

Rucolakeimsaat wird in Bio- und Naturkostläden sowie online angeboten, suchen Sie zum Beispiel nach »Rucola Keimsaat«. Saat, die für das Gärtnern jenseits des Mikrostadiums gedacht ist, kann natürlich ebenfalls verwendet werden, die Päckchen enthalten aber so wenige Samen, dass Sprossenzucht damit schnell sehr teuer werden kann.

METHODE

Rucola zieht man am besten auf Papier. Er lässt sich auch in Erde und sogar hydroponisch anbauen, wenn man vorhat, die Pflanzen über das Keimblattstadium hinaus wachsen zu lassen.

SO GEHT'S …

Wählen Sie eine Methode. Vergessen Sie nicht: Rucola ist gelbildend, säen Sie ihn also direkt auf Papier, Erde oder Hydrokulturgitter aus, ohne die Saat einzuweichen. Die Sprossen tolerieren niedrige Temperaturen, reagieren aber unter Umständen etwas empfindlich auf Sonne. Trotzdem ist ein heller Platz auch im Sommerhalbjahr gut, jedoch vermeiden Sie direkte Sonneneinstrahlung während der heißesten Tage. Beginnen die Blätter sich gelb zu

verfärben, liegt das an zu viel Licht, und die Sprossen müssen in den Halbschatten umziehen.

Wann Rucolasprossen am leckersten sind, ist Geschmackssache. Die ersten Blättchen können Sie nach rund einer Woche kosten – sind sie Ihnen noch zu bitter, lassen Sie die Sprossen einige Tage länger wachsen. Dabei entwickelt sich gleichzeitig das typische Nussaroma stärker.

Einweichen: nicht erforderlich
Sprossenentwicklung: ca. 7 Tage
Saatbedarf: 1 EL Saat reicht für eine Schale von ca. 18 cm Durchmesser.

Radieschen (Gartenrettich)

Mit seinem lebendigen, pfeffrigen Aroma ein klarer Favorit: Schon das zarte Sprossengemüse schmeckt deutlich nach Radieschen. Als wäre das nicht genug, gehören Rettichsprossen auch noch zu den besonders schnell wachsenden Sorten: Nach vier bis fünf Tagen ist schon Erntezeit.

PASST ZU …

Einige frisch geschnittene Sprossen passen immer als Streusel auf Salate, Eintöpfe, Suppen, Pies und – ja, eigentlich auf alles, was ein bisschen lebendige Farbe verlangt. Ihr Geschmack ist eindeutig und typisch, wenn auch nicht mit dem gleichen pfeffrigen Biss, wie ausgewachsene Radieschen ihn haben können. Werfen Sie Radieschensprossen in den Salat, auf Ihr Butterbrot, in kalte Saucen, Dips und Vorspeisen …

EINKAUF

Keimsaat für Rettich-Microgreens wird im Wesentlichen über das Internet und den Garten-

BROKKOLI

SCHWARZE
LINSEN

SENF

KRESSE

GELBE ERBSEN

CHIA

ALFALFA

RUCOLA

SONNENBLUME

RADIESCHEN

MUNGBOHNEN

bedarfshandel vertrieben, lässt sich aber auch in Reform- und Naturkostläden finden. Sie wird in verschiedenen Sorten, als Radieschen- oder Rettichsaat angeboten, was Varianten einer Art sind *(Raphanus sativus)*. Die kurze Entwicklungszeit und den charakteristischen Geschmack haben sie gemeinsam, unterscheiden sich aber in der Farbe: »China Rose«-Sprossen haben rosa Stängel und grüne Blätter, »Sango« wird dunkelviolett und »Daikon« ganz grün.

METHODE

Obwohl Erd- und Hydrokulturen ebenfalls funktionieren, ist die Papiermethode hier vorzuziehen, denn Rettichsprossen wachsen schnell und schmecken zart und jung am besten.

SO GEHT'S …

Wählen Sie die Papiermethode. Wenn die Samen zu keimen beginnen, wird ein weißer Flaum um die hervorsprießenden Keime sichtbar. Das ist ganz normal und sollte nicht mit Schimmel verwechselt werden: Es handelt sich um die feinen Wurzelhärchen der sich entwickelnden Sprossen.
Rettichsprossen sind am leckersten, wenn sie gerade eben ihre ersten Blätter entfaltet haben, danach schmecken sie noch ein paar Tage gut, sobald aber am nächsten Blattpaar gearbeitet wird, nimmt der Stängel eine faserige, etwas holzige Textur an. Besser, Sie stellen Ihre Sprossen schon in den Kühlschrank, sobald die Keimblätter fertig sind. Freilich setzt sich das Wachstum im Kühlschrank fort, allerdings auf ein Minimum reduziert, sodass die Sprossen bis zu zwei Wochen fein und zart bleiben.

Einweichen: nicht erforderlich
Sprossenentwicklung: 4–6 Tage
Saatbedarf: 1 EL Saat reicht für eine Schale von ca. 18 cm Durchmesser.

Senfsaat

Aus brauner und gelber Senfsaat wachsen in ungefähr einer Woche hübsche Sprossen. Die gelbe Saat ergibt größere Sprossen mit Blättern, die auf der Blattunterseite dunkel weinrot changieren, und einem recht milden, wenn auch ganz klar scharfen Geschmack. Die Sprossen der braunen Saat haben eine reelle Schärfe und den eindeutigen Senfcharakter. Die Schärfe sitzt größtenteils in den Stängeln. Wer es milder mag, zupft also nur die Blättchen. Erwähnenswert ist jedoch, dass gerade die intensive Schärfe darauf hinweist, wo die Schutzstoffe lagern, die unserem Körper zugutekommen könnten. Die gelben Sprossen wachsen etwas schneller als die braunen, aber der Unterschied liegt nur bei ein, zwei Tagen.

PASST ZU …

Senfsprossen eignen sich am besten als Gewürz. Überall, wo man Senf einsetzen würde, springen sie mühelos als Ersatzspieler ein – schnell aufs Schinkenbrot geschnippelt, über die Wurst oder Erbsensuppe gestreut, als i-Tüpfelchen in Saucen und Dressings gezupft.

EINKAUF

Braune wie gelbe Senfsaat wird tütenweise im gewöhnlichen Lebensmittelhandel angeboten. Die braunen Samen sind etwas kleiner als die gelben.

METHODE

Auf Papier lässt sich Senf am einfachsten ziehen, aber in Erde geht es auch.

SO GEHT'S …

Wählen Sie Ihre Methode. Senfsaat braucht nicht eingeweicht zu werden. Die gelben Körner sind größer und wachsen etwas schneller heran. Denken Sie nicht an Schimmel, wenn sich um die Keimlinge herum ein weißer

Flaum entwickelt: Es sind die feinen Wurzelhaare, die die Sprossen bilden.
Gelbe Senfsprossen sind nach vier bis fünf Tagen fertig, für die braunen rechnen Sie etwa zwei weitere Tage.

Einweichen: nicht erforderlich
Sprossenentwicklung: 5–7 Tage
Saatbedarf: 1 EL Saat reicht für eine Schale von ca. 18 cm Durchmesser.

Sonnenblumenkerne

Sonnenblumensprossen sind perfekt für die eigene Salatgärtnerei! Die kräftigen Sprossen haben saftige, mild-nussige Blätter. Die Anzucht gelingt leider nicht immer ganz problemlos: Sie erfordert einige Fürsorge, damit auch alle Samen zum Leben erwachen und austreiben, und etwas mehr Wärme, denn diese Sprossen streiken, sobald ihnen zu kalt ist.

PASST ZU …

Mit ihrem nussigen Geschmack passen die nur minimal bitteren Sonnenblumensprossen in praktisch jeden Salat, als Topping auf Sandwiches und Suppen oder püriert in einen grünen Smoothie.

EINKAUF

Für die Sprossenzucht empfehlen sich ungeschälte Sonnenblumenkerne, am besten sind die mit schwarzer Schale (sie werden hauptsächlich über das Internet vertrieben). Natürlich keimen auch die Kerne mit grau oder weiß gestreifter Schale, die etwas größer sind und entsprechend größere Sprossen hervorbringen. Gegenüber den schwarzen haben sie jedoch einen Nachteil: Ihre etwas härtere Schale klammert sich förmlich um die Keim-

Munter-pfeffrige Rettichsprossen.

SONNENBLUMENSPROSSEN – SCHRITT FÜR SCHRITT

1. Spülen Sie die Sonnenblumenkerne und weichen Sie sie für 24 Stunden ein.

2. Gießen Sie die eingeweichten Kerne in ein Sieb ab.

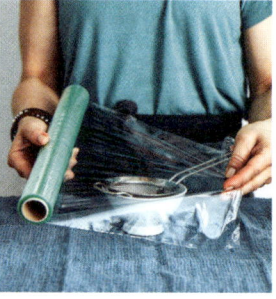

3. Setzen Sie das Sieb auf eine Schale. Bringen Sie eine Abdeckung aus Folie an, die nicht dicht abschließt.

4. Lassen Sie die Kerne ca. 48 Stunden keimen. Spülen Sie 2–3-mal am Tag.

5. Füllen Sie Erde in eine Hälfte einer längs aufgeschnittenen sauberen Milchpackung.

6. Streuen Sie die Keimlinge gleichmäßig über die Erde.

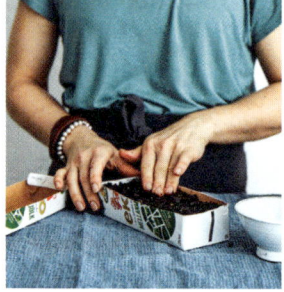

7. Drücken Sie die Keimlinge leicht mit der Hand an, sodass alle guten Kontakt zur Erde haben.

8. Befeuchten Sie alles leicht mit Wasser.

12. Kosten Sie gelegentlich, um zu bestimmen, wann Ihre Sprossen erntereif sind.

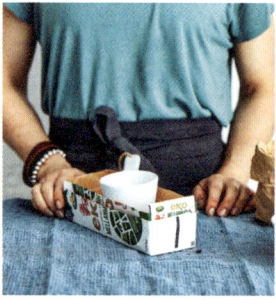

9. Senken Sie die andere Hälfte der Milchpackung als Abdeckung darauf. Legen Sie ein leichtes Gewicht hinein.

10. Die Keimung soll so bei 21 bis 25 °C ca. 24 Stunden fortgesetzt werden. Nehmen Sie zwischendurch den Deckel ab und feuchten Sie die Kultur leicht an.

11. Stellen Sie die Sprossen ans Licht. Halten Sie Feuchtigkeit und Wärme. Bewässern Sie gelegentlich.

blätter und ist mitunter schwer zu entfernen. Ungeschälte Kerne aus Vogelfuttermischungen keimen ebenfalls, haben aber den Nachteil, dass man mit ihnen auch einigen Schmutz kauft und gewöhnlich ein gewisser Anteil der Kerne beschädigt ist. Diese müssen Sie aussortieren, damit sie nicht zwischen den Keimlingen verfaulen.

Auch geschälte Sonnenblumenkerne kann man zum Keimen bringen. Sie bieten den Vorteil, dass man bei der Ernte keine Schalen abzupfen muss. Es bleibt aber Glückssache, denn ihre Keimfähigkeit schwankt erheblich: Um diese zu bewahren, müssten die Kerne gekühlt aufbewahrt werden und dies geschieht im Laden natürlich nicht, wenn die Kerne gar nicht für den Anbau gedacht sind.

METHODE

Säen Sie auf Erde. Wasserkulturen können auch funktionieren, aber weniger zuverlässig. Im Folgenden wird die Anzucht von Sonnenblumensprossen besonders ausführlich beschrieben, da sie nicht ganz so einfach gelingt.

SO GEHT'S …

Folgen Sie der Methode zur Anzucht in Erde. Spülen Sie die Kerne unter fließendem, kaltem Wasser. Entfernen Sie etwaigen Schmutz sowie beschädigte Samen. Legen Sie die Kerne zum Einweichen für 24 Stunden in kaltes Wasser, dadurch werden die Schalen weich und die Keimung wird angestoßen. Manche Kerne schwimmen im Wasser auf, ein Gewicht auf der Oberfläche sollte dies verhindern: Legen Sie einfach eine mit Wasser gefüllte Plastiktüte obenauf, die die Kerne nach unten drückt.

Spülen Sie die Samen danach in einem Sieb unter fließend kaltem Wasser ab. Wenden Sie sie vorsichtig, um verbliebene schadhafte Kerne und Schmutz entdecken und heraussammeln zu können. Setzen Sie das Sieb auf eine Schale, decken Sie es mit Plastikfolie ab.

Spülen Sie zwei- bis dreimal täglich; die Samen müssen stets feucht gehalten werden. Nach 24 bis 48 Stunden sollten die meisten Schalen aufgesprungen und kleine weiße Keime durchgebrochen sein, die sich zu Sprossen ziehen lassen. Sind noch keine Keime zu sehen, warten Sie noch weitere 24 Stunden ab, doch lassen Sie die empfindlichen Keime nicht zu lang wachsen, sie brechen sehr leicht ab.

Wählen Sie ein Pflanzgefäß. Auch solche ohne Bodenablauf sind gut geeignet, solange man vorsichtig gießt und stehende Nässe vermeidet. Füllen Sie das Gefäß (z. B. eine längs halbierte Milchpackung) mit 3 cm Erde, befeuchten Sie sie leicht mit Wasser und streuen Sie die Keimlinge gleichmäßig darüber aus. Drücken Sie sie ein wenig mit der Hand an, damit sie guten Kontakt zur Erde bekommen. Sprühen Sie Wasser darüber. Decken Sie die Keimlinge ab, zum Beispiel mit der anderen Hälfte der Milchpackung: Die können Sie, mit der Öffnung nach oben und etwas Druck, auf die Keimlinge senken. Zusätzlich legen Sie ein kleines Gewicht hinein, beispielsweise ein Glas oder eine Dose. So unterstützen Sie die Keimlinge dabei, sich Richtung Erde zu orientieren. Die Keimlinge lieben es warm, unter 21 bis 25 °C wachsen sie schlecht.

Nach etwa zwei Tagen sind die Wurzeln in die Erde gewachsen, die Stängel streben nach oben. Nehmen Sie nun den Deckel samt Gewicht ab und stellen Sie Ihre Pflanzschale ans Licht am Fenster oder in dessen Nähe. Sie müssen dafür sorgen, dass die Temperatur weiter zwischen 21 und 25 °C liegt. Besprühen Sie die Sprossen zurückhaltend; gegen zu viel Feuchtigkeit sind sie empfindlich.

Wagt man den Versuch, Sonnenblumensprossen im Winter zu ziehen, strecken sich die Stängel mit aller Kraft nach dem wenigen Licht in die Länge, die Blätter werden dünner. In hellerer Umgebung bleiben die Sprossen kürzer und entwickeln dickere, saftigere Blät-

ter. Das Licht ist es auch, dass den Keimblättern die Kraft verleiht, auszuschlagen und dabei die Schale aufzubrechen, die sie umschließt. Man kann vorsichtig versuchen, ihnen dabei zu helfen, falls sie zu fest eingeklemmt sind.

Von dem Moment an, in dem die Samen auf die Erde gelegt wurden, kann es je nach Saison und Lichtverhältnissen zwischen sechs und zwölf Tagen dauern, bis die Sprossen genussreif sind. Schmackhaft sind sie, sobald die Keimblätter sich entfaltet haben und so lange, bis das nächste Blattpaar am Ende der Sprosse zwischen den Keimblättern allmählich sichtbar wird. Von da an verwandelt sich die anfangs so zarte, feine und saftige Sprosse in ein Pflänzchen von eher faseriger Beschaffenheit und bitterem Geschmack.

Da ist es besser, die Sprossen zu ernten, solange sie wirklich köstlich sind. Bewahren Sie sie im Kühlschrank in einer Tüte oder Box auf, die Sie nicht ganz verschließt, damit die Sprossen noch atmen können. Nach dem ersten Schnitt wachsen noch einmal neue, etwas kleinere Sprossen nach, die nach ein paar Tagen ebenfalls geerntet werden können.

Einweichen: 24 Stunden
Sprossenentwicklung: 8–14 Tage (davon 2 Tage Keimung im Sieb)
Saatbedarf: 2 EL Saat reichen für ein Gefäß von 20 × 7 cm (halbierte Milchpackung).

VIER WEITERE SCHÖNE SAATEN FÜR DIE SPROSSENZUCHT

Chiasaat

Dieser kleine südamerikanische Samen hat es in den letzten Jahren zum Trendkorn des Westens gebracht. Gesund ist er ja auch. Genau wie andere Saaten auch, sollte man dazu sagen. Bleibt zu fragen, wie viel der gesunden Inhaltsstoffe wir überhaupt aufnehmen, wenn doch die meisten Körnchen eines Chiapuddings unseren Körper einigermaßen unversehrt passieren … Chiasprossen zu ziehen ist aber eine gute Idee. Die kleinen Samen sind gelbildend, werden also direkt auf Papier gesät. Sie wachsen langsamer als andere Sämlinge heran und sind nach acht bis zehn Tagen genussreif. Ihr Geschmack ist mild bis neutral. Schneiden Sie sie über einen Salat, eine Suppe oder zum Pürieren in Ihren Smoothie.

Linsen

Alle Linsen lassen sich zu Sprossen ziehen, vorausgesetzt, sie wurden nicht auf die eine oder andere Weise behandelt. Geschickterweise streuen Sie die eingeweichten Linsen auf nasses Papier, aber in Erde oder Wasser wachsen sie auch sehr gut. Die Sprossen haben einen milden, neutralen Geschmack und lassen sich gut in einen Salat mischen oder in einem Smoothie pürieren.

Maiskörner

Ganz gewöhnliche, trockene Maiskörner bringen in jeder Hinsicht sehr spezielle, bezaubernd rosa-grüne Sprossen mit einer sagenhaft intensiven Süße hervor. Der Anbau hat immer mit ein wenig Glück zu tun, denn es keimen durchaus nicht alle Körner. Andererseits bringt der Versuch Spaß – diese überraschende Süße ist einfach beeindruckend. Nehmen Sie gewöhnliche getrocknete Maiskörner, wie sie auch für Popcorn verwendet werden, keinesfalls aber Mikrowellen-Popcorn oder auf andere Weise behandelte Körner. Weichen Sie sie 12 Stunden lang in Wasser ein. Ziehen Sie die Sprossen auf Erde und ernten Sie sie bei einer Länge von rund 3 cm – wenige Tage später würden sie sich zu länglichen Blättern mit unangenehm holziger Textur entwickelt haben: Das ist, als würde man Gras kauen! Setzen Sie die zarten Sprossen als Süßungsmittel ein, zum Beispiel in feinen Streifen über einem Obstsalat.

Mungbohnen

Unsere Keimsaat Nr. 1 lässt sich selbstverständlich auch zu Sprossen heranziehen. Wie immer wichtig: Die Bohnen werden vorher eingeweicht. Säen Sie anschließend auf Erde oder ein Hydrokultur-Gitter. Mit dieser witzigen Sprosse peppen Sie jeden Salat auf (s. Abb. S. 11)!

Hinweis zur Volumenangabe bei den Rezepten:

Die benötigte Menge an (Grün-)Sprossen wird in den Rezepten auf den folgenden Seiten in Millilitern (ml) angegeben. Sie zu bestimmen ist einfach: Verwenden Sie ein Litermaß mit Zehnerteilung und schneiden Sie die frischen Sprossen kurz vor der Zubereitung nach Bedarf direkt dort hinein.

REZEPTE MIT SPROSSEN & MICROGREENS

ERBSENGRÜNER APFEL-KICK

Für Smoothies eignen sich besonders zarte Sprossen am besten. Lässt man sie länger wachsen, werden die Stängel der Sprossen leicht faserig und machen sich besser im Salat.

2 GLÄSER

200 ml Erbsensprossen (oder andere milde Sprossen, z. B. von Brokkoli, Sonnenblume oder Chia)
1 Avocado
1 EL Ingwer, frisch gerieben
2 EL Minze, gezupft
350 g gut gekühltes Apfelmus
1 EL Zitronensaft, frisch gepresst

Die Avocado halbieren, entkernen und aushöhlen. Alle Zutaten zu einem feinen Smoothie pürieren, am besten im Mixer, aber mit einem Pürierstab geht es auch.

In Gläser füllen.

ERDBEER-SMOOTHIE MIT SPROSSEN

Ein sanfter, sättigender Smoothie, beinahe ein Shake. Sind die Erdbeeren allein nicht süß genug, kann man sie gut zusammen mit einer Banane pürieren.

2 GLÄSER

200 ml Brokkolisprossen (oder andere milde Sprossen, z. B. von Sonnenblume, Erbse oder Chia)
60 g TK-Erdbeeren
300 ml Mandelmilch (oder Haferdrink)
2 EL Erdnussbutter
evtl. 1 Banane

Alle Zutaten zu einem feinen Smoothie pürieren, am besten im Mixer, aber mit einem Pürierstab geht es natürlich ebenfalls.

In Gläser füllen.

BROMBEER-SMOOTHIE MIT BROKKOLI & LIMETTE

Die violette Farbe der Brombeeren zeugt von reichlich Antioxidantien. Zusammen mit den Nährstoffen aus dem Brokkoli wird dies ein echter Super-Smoothie. Haben Sie noch Heidelbeeren oder Schwarze Johannisbeeren im Gefrierschrank? Damit wird der Smoothie ebenso gut.

2 GLÄSER

200 ml Brokkolisprossen (oder andere milde Sprossen, z. B. von Sonnenblume, Erbse oder Chia)
100 g TK-Brombeeren
200 ml milder Naturjoghurt (3 %)
1 Banane, gefroren
½ EL Limettensaft, frisch gepresst
2 Msp. Vanillepulver
evtl. 1 EL flüssiger Honig

Alle Zutaten zu einem feinen Smoothie pürieren, am besten im Mixer, aber mit einem Pürierstab geht es auch.

In Gläser füllen.

(Siehe Abb. auf S. 106.)

GRÜNE SMOOTHIE-BOWL

Eine Schale voller Keimlinge und Sprossen – Buchweizen sorgt noch zusätzlich für Sättigung – mit einem Topping aus Mohnsaat, Kokos, Nüssen und Beeren.

2 SCHALEN

300 ml milde, zarte Sprossen (z. B. von Brokkoli, Chia, Erbse oder Sonnenblume)
2 Bananen, gefroren
100 g TK-Mangowürfel
2 EL gekeimter Buchweizen
200 ml milder Naturjoghurt 3 % (bzw. Kokos- oder Mandelmilch)
Hanf- und Mohnsaat, Kokosflocken, Nüsse und gefrorene Johannisbeeren als Topping

Sprossen, Bananen, Mango, Buchweizenkeime und Joghurt in einem Mixer (oder mit dem Pürierstab) fein pürieren.

In Schalen füllen und nach Belieben mit Mohn, Nüssen, Kokos und Beeren garnieren.

FRISCHE FRÜHLINGSROLLEN MIT ROTKOHL, NÜSSEN UND MANGO

Diese superleckeren Reispapierrollen sind zwar etwas knifflig herzustellen,
aber bei guter Vorbereitung geht es doch leicht von der Hand. Die schöne Farbkombination von Rotkohl,
Mango und Sprossen schimmert appetitlich durch das Papier.

4 PERSONEN (16 ROLLEN)

500 ml gemischte Sprossen (z. B. von Erbse, Sonnenblume und Rettich)

55 g gesalzene Erdnüsse

1 EL Sesamöl

50 ml Rapsöl

2 EL japanische Sojasauce

½ TL Sambal Oelek

1 Stück Rotkohl (ca. 200 g)

2 Avocados

1 EL Limettensaft, frisch gepresst

3 Frühlingszwiebeln

2 Mangos

8 große Bögen essbares Reispapier

1 Topf Minze

Tipp!

Diese Rollen können Sie einige Stunden im Voraus zubereiten. Decken Sie sie mit dem feuchten Tuch ab, das Sie zum Rollen verwendet haben und stellen Sie sie kalt.

Die Nüsse grob hacken, in eine Schale geben. Sesam- und Rapsöl, Sojasauce und Sambal Oelek hinzugeben. Kurz durchmischen.

Den Rotkohl in feine Streifen schneiden. In eine Schüssel füllen. Avocados halbieren, entkernen, schälen und in Scheiben schneiden. In eine Schale legen und mit etwas Limettensaft beträufeln. Frühlingszwiebeln in Streifen schneiden, in ein Schälchen geben. Mangos schälen, entkernen und in längliche Stücke schneiden.

Eine große Schüssel oder einen breiten Topf mit lauwarmem Wasser füllen. Ein sauberes Küchentuch eintauchen, auswringen und auf die Arbeitsfläche legen. Ein Stück Reispapier (nicht mehr!) für ca. 30 Sekunden in das Wasser tauchen, dann auf das Handtuch legen.

Jeweils eine kleine Menge Rotkohl, Avocado, Frühlingszwiebeln, Mango, Sprossen sowie einige Minzblätter in die Mitte des Reispapiers legen. Etwas von der Nussmischung daraufgeben. Das Papier zunächst von der unteren Kante her über die Füllung falten. Vorsichtig andrücken, dann die Seiten einschlagen und das Ganze zu einer Rolle formen.

Ein weiteres sauberes Küchentuch anfeuchten, auf einem Schneidbrett ausbreiten. Die Rolle darauflegen. Die restlichen Reisblätter auf die gleiche Weise füllen und mit einigen Zentimetern Abstand nebeneinander ablegen, ohne dass sie aneinanderhaften.

Jede Rolle halbieren und auf einen Teller legen. Servieren mit japanischer Sojasauce oder Sojadip mit Senf und Sesam (s. S. 73).

ROH MARINIERTER BROKKOLI MIT BLAUSCHIMMEL & HONIGNÜSSEN

Roher Brokkoli? Klingt vielleicht etwas sehr dröge. Doch gönnen Sie ihm eine »Massage« mit Olivenöl und Salz, das wirkt Wunder! Der Brokkoli wird weich und bewahrt doch seine frische Knusprigkeit.

4 PERSONEN
200 ml Brokkolisprossen
25 g Pekannüsse
1 EL Honig
2 Brokkoli
½ rote Zwiebel
1 TL Salz
3 EL Olivenöl
1 Apfel
100 g Blauschimmelkäse
½ EL Zitronensaft, frisch gepresst
schwarzer Pfeffer aus der Mühle

Die Pekannüsse in einer trockenen, heißen Pfanne ca. 2 Minuten rösten.

Honig hinzugeben, ca. 2 Minuten unter ständigem Rühren karamellisieren lassen bzw. bis der Honig eine goldene Farbe angenommen hat. Sofort auf einen Bogen Backpapier gießen. Die Nüsse gegebenenfalls etwas auseinanderziehen, sie dürfen nicht zusammenklumpen. Abkühlen lassen.

Brokkoli in kleine Röschen teilen, den Strunk in dünne Scheiben schneiden.

Zwiebel schälen und in dünne Scheiben schneiden.

Brokkoli und Zwiebel zusammen in eine Schüssel legen, Salz und Olivenöl darübergeben, mit den Händen einige Minuten in den Brokkoli einmassieren, bzw. bis er beginnt, etwas weicher zu werden. Man kann das Ganze auch in eine Plastiktüte geben und die Röschen von außen massieren.

Den Apfel vom Kerngehäuse befreien und in dünne Scheiben schneiden. Den Käse zerkrümeln.

Brokkolimischung und Apfelscheiben zusammen auf Tellern anrichten, mit Zitronensaft beträufeln. Mit Brokkolisprossen, dem zerkrümelten Käse und den Honignüssen garnieren. Frischen Pfeffer darübermahlen.

OFENKARTOFFEL-SALAT MIT SENFSPROSSEN

Dieser Salat wird immer zum Erfolg. Gar nicht so merkwürdig, denn er hat alles: Säure, Salz, Creme. Das Originalrezept sieht Bacon vor, ich bevorzuge stattdessen sonnengetrocknete Tomaten.

4 PERSONEN

200 ml Senfsprossen
1 kg kleine Kartoffeln, möglichst
  Frühkartoffeln
2 EL Olivenöl
Salz
ca. 4–6 sonnengetrocknete Tomaten
Olivenöl zum Braten
3 EL Apfelessig
½ TL Rosmarin, frisch gehackt
100 g Mayonnaise
1–2 EL Petersilie, gehackt
10 Radieschen
½ rote Zwiebel

Den Ofen auf 225 °C vorheizen.

Die Kartoffeln auf ein tiefes Backblech legen, größere Kartoffeln eventuell halbieren.

Mit Olivenöl beträufeln, salzen. Auf der mittleren Schiene im Ofen ca. 20 Minuten backen, bzw. bis die Kartoffeln gar sind. Abkühlen lassen.

Die getrockneten Tomaten in Streifen schneiden, zügig in Öl anbraten. Die Hälfte des Essigs hinzugeben, 2 Minuten kochen lassen.

Den restlichen Essig mit Rosmarin, Mayonnaise und Petersilie mischen.

Die Radieschen in dünne Scheiben schneiden. Die halbe Zwiebel schälen und in Streifen schneiden.

Die Kartoffeln mit den angebratenen Tomaten, der Mayonnaise-Mischung, den Radieschen, den Senfsprossen und den Zwiebelstreifen vermengen.

GEMÜSESPIRALEN MIT SPROSSEN, ZIEGENKÄSE UND MANDELN

Küchenkunststück! Aus irgendeinem Grund bringt Rohkostgemüse in langen Fäden und Spiralen viel mehr Spaß als in geraspelter Form. Und zum Sprossengemüse sind Rüben und Wurzeln allemal großartige Begleiter.

4 PERSONEN

500 ml gemischte Sprossen (z. B. von Rucola, Senf oder Rettich)

3–4 EL Mandelblättchen

400 g gemischte Rüben (z. B. Rote und Gelbe Bete, Chioggia)

2 Karotten

2 EL Olivenöl

1 TL Salzflocken

schwarzer Pfeffer aus der Mühle

150 g Ziegenkäserolle

DRESSING

1 EL Zitronensaft, frisch gepresst

½ EL flüssiger Honig

1 EL Olivenöl

Salz

Die Mandelblättchen in einer trockenen Bratpfanne rösten, bis sie etwas Farbe annehmen. Abkühlen lassen.

Die Rüben und die Karotten schälen und mit einem Spiralschneider (oder auf dem Gemüsehobel in sehr dünne Scheiben) schneiden. Die Spiralen ab und zu mit der Schere kürzen, um später das Servieren zu erleichtern.

Die Gemüsespiralen mit Öl, Salzflocken und Pfeffer vermengen, dann abwechselnd mit den Sprossen auf Teller oder in Schüsseln schichten.

Den Ziegenkäse zerkrümeln und mit den Mandeln über den Salat streuen.

Zitronensaft und Honig mit Olivenöl und Salz zu einem Dressing mischen. Über den Salat träufeln.

INDISCHES KORMA MIT BLUMENKOHL UND ERBSENSPROSSEN

Das Geheimnis? Butter. Viel Butter. Und nicht zu wenig Sahne ...
Ein sanfter, fülliger Eintopf aus Blumenkohl und gekeimten Sojabohnen
mit knackigen Erbsensprossen als Topping.

---

4 PERSONEN

200 ml Erbsensprossen
100 g Sojabohnenkeimlinge
1 gelbe Zwiebel
1 Kopf Blumenkohl (ca. 800 g)
1 TL ganzer Kardamom
75 g Butter
1 EL Kreuzkümmel
30 g Rosinen (möglichst helle)
1 EL Kurkuma (Gelbwurz)
1 EL Zucker
Salz
150 ml Wasser
150 g Sahne
125 g gemahlene blanchierte
   Mandeln
40 g Kokosraspel
300 ml milder Naturjoghurt (3 %)
schwarzer Pfeffer aus der Mühle

Die Sojabohnenkeimlinge 15 Minuten in leicht gesalzenem Wasser kochen. Abtropfen lassen.

Die Zwiebel schälen und fein hacken. Den Blumenkohl putzen und in kleine Röschen teilen, Strunk und Blätter in dünne Streifen schneiden und beiseitelegen.

Kardamomsamen im Mörser fein zerstoßen.

Die Butter in einer großen Bratpfanne zerlassen. Zwiebel, Kardamom und Kreuzkümmel darin 2–4 Minuten unter Rühren bei mittlerer Hitze anschwitzen.

Blumenkohlröschen, Rosinen, Kurkuma, Zucker und 1½ TL Salz hinzugeben, umrühren und das Ganze weitere 5 Minuten braten.

Wasser, Sahne, Mandelmehl, Kokosraspel, Sojabohnen und den fein zerkleinerten, restlichen Blumenkohl untermengen. Etwa 2 Minuten weitergaren.

Joghurt einrühren, 1 Minute kochen lassen. Mit Pfeffer und Salz abschmecken. Erbsensprossen als Topping daraufgeben.

Den Eintopf mit Naanbrot, Lime Pickle oder Mangochutney, türkischem Joghurt und Basmatireis servieren.

CAESAR'S MIT GRÜNKOHL UND SPROSSEN

Mischen Sie alle möglichen Sprossen zu einem hübsch unordentlichen Caesar Salad.
Dazu Grünkohlblätter, weil sie so lecker sind. Die verlangen allerdings ihr Dressing.
Und zwar am liebsten eine richtig cremige Emulsion.

4–6 PERSONEN

500 ml gemischte Sprossen
  (z. B. von Sonnenblume, Erbse
  und Rucola)
300 g Grünkohl
2 geh. EL geröstete Sonnenblumenkerne
  (oder Sonnenblumen-Karamell,
  s. S. 83)
2 EL getrocknete Johannisbeeren
  (oder Heidelbeeren)
Pecorinospäne zum Servieren

DRESSING

1 Eigelb
1 Knoblauchzehe, gepresst
1 TL Dijonsenf
1¼ EL Zitronensaft, frisch gepresst
100 ml Rapsöl
100 ml Olivenöl
150 g Pecorino, fein gerieben
Salz
schwarzer Pfeffer aus der Mühle

Mit dem Dressing beginnen. Eigelb, Knoblauch, Senf und einen Esslöffel Zitronensaft mit dem Pürierstab oder in der Küchenmaschine mixen.

Raps- und Olivenöl unter fortgesetztem Pürieren langsam hineinlaufen lassen. Den geriebenen Pecorino untermischen, mit Salz und Pfeffer abschmecken.

Den Kohl putzen, den harten Strunk entfernen und die Blätter in kleinere Stücke zupfen. Kohl und Sprossen in eine Schüssel legen, die Hälfte des Dressings darübergeben, wenden. Auf einem Teller anrichten.

Mit Sonnenblumenkernen, Johannisbeeren und Pecorinospänen garnieren, das restliche Dressing in Klecksen darüber verteilen.

AVOCADO-MAYONNAISE MIT SPROSSEN

Eine Dressing-Creme, die praktisch zu allem passt!

CA. 200 ML
200 ml milde Sprossen (z. B. von Rucola oder Brokkoli)
1 Avocado
1 Knoblauchzehe, gepresst
abgeriebene Schale einer ½ Bio-Zitrone
1 EL Zitronensaft, frisch gepresst
1 TL Weißweinessig
100 ml mildes Olivenöl
¼ TL Salz
schwarzer Pfeffer aus der Mühle

Die Avocado halbieren, entkernen und aushöhlen.

Avocado und Sprossen mit Knoblauch, Zitronenabrieb und -saft, Weißweinessig, Öl, Salz und Pfeffer in der Küchenmaschine oder mit einem Stabmixer pürieren.

Tipp!

Falls das Dressing gerinnt, lässt es sich mit einem Eigelb retten: Schlagen Sie in einer Schüssel ein Eigelb leicht auf und dann die geronnene Sauce tropfenweise darunter.

APFELSALSA MIT SENFSPROSSEN

Hier kommt der Senf gleich zweifach daher: rustikal, wie man ihn in Südschweden liebt, und modern als Sprosse. Köstlich zu sommerlichen Grillgerichten und auf jedem Buffet.

4 PERSONEN
100 ml Senfsprossen
2 EL Olivenöl
½ EL Apfelessig
½ EL süßer grober Senf (z. B. bayerischer Weißwurstsenf)
Salz
schwarzer Pfeffer aus der Mühle
1 roter Apfel
10 Kirschtomaten
½ rote Zwiebel

Öl, Essig, Senf, Salz und Pfeffer zu einer Marinade vermischen.

Den Apfel vom Kerngehäuse befreien und in kleine Würfel schneiden. Die Tomaten in kleine Stücke schneiden. Die halbe Zwiebel schälen und in dünne Ringe schneiden.

Apfel, Tomate und Zwiebel mit der Marinade vermengen. Mindestens 20 Minuten ruhen lassen.

Die Senfsprossen erst zum Servieren unterheben.

KRESSIGE KRÄUTERBUTTER

Ich liebe Butter. Und Kresse. Zusammen sind sie himmlisch! Genießen Sie sie zu Brot oder Gegrilltem oder an geröstetem Wurzelgemüse.

---

4 PERSONEN
200 ml Gartenkresse
100 g Butter
abgeriebene Schale von 1 Bio-Zitrone
½ TL Salzflocken

Die Butter rechtzeitig aus der Kühlung nehmen, damit sie weich werden kann. Dann in eine Schüssel geben und mit dem Handrührgerät luftig aufschlagen.

Die Kresse fein hacken.

Zitronenabrieb, Kresse und Salz mit der Butter vermengen. Die Butter nach Belieben auf ein Stück Backpapier geben und zu einer Rolle formen. Im Kühlschrank aufbewahren oder einfrieren.

(Abb. s. vorangegangene Seite)

GERÖSTETES MANDEL-PESTO MIT RUCOLA-SPROSSEN & ZITRONE

Aus Rucolasprossen und gerösteten Mandeln wird ein superleckeres Pesto. Dazu etwas Zitronenabrieb – sehr belebend!

CA. 200 ML
200 ml Rucolasprossen
60 g Mandeln
1–2 Knoblauchzehen, gepresst
75 g Parmesan, gerieben
100 ml Olivenöl
abgeriebene Schale einer ½ Bio-Zitrone
½ TL Salz
schwarzer Pfeffer aus der Mühle

Die Mandeln ca. 3 Minuten in einer trockenen Bratpfanne rösten, bzw. bis sie etwas Farbe annehmen. Gelegentlich umrühren, damit sie nicht anbrennen. Abkühlen lassen.

Mandeln und Rucolasprossen mit dem Knoblauch in der Küchenmaschine oder mit dem Stabmixer grob zerkleinern. Parmesan und Öl zugeben und alles zusammen zu einem groben Pesto mixen.

Den Zitronenabrieb untermischen, salzen, pfeffern.

(Abb. s. vorangegangene Seite)

STICHWORTVERZEICHNIS

REZEPTVERZEICHNIS

MEINEN ALLERHERZ-LICHSTEN DANK!

An zwei erstklassige Ernährungsberaterinnen – Karin Jonsson von der TH Chalmers und Monika Pearson, ehemals beim Livsmedelsverk [Schwedische Behörde für Lebensmittelsicherheit] – für all das Wissen, das ihr geteilt habt. Und an die Baljväxtakademi [dt. in etwa ›Leguminosen Akademie‹] für ihr großes Engagement rund um die Leguminosen!

An die besten Kollegen bei Buffé [Kundenmagazin der ICA-Supermarktkette], denn mit euch bin ich auf die Idee gekommen, Bällchen aus gekeimten Körnern zu formen. Und einen Extra-Dank an dich, Sofia Nilsson, für deine Hilfe bei der Zubereitung und beim Anrichten. Du bist die klügste, schnellste und coolste Köchin der Welt!

An meinen Fotografen Lennart »Lenne« Weibull, weil du das blühende Leben in austreibenden Sprossen gesehen hast – und es in deinen Bildern einfangen konntest. Und an die Designerin Pernilla Quist, der es gelungen ist, Fotografie und Text in einem so schönen Fluss zusammenzuführen. An euch, die Redakteurin Anna Sodini und die Verlegerin Eva Kruk, für eure Begleitung, euren Pep und vor allem für euren Glauben an meine Idee. An den Keramiker Calle Forsberg, dass ich deine wundervollen Schalen und Teller verwenden durfte – sie sind wie gemacht für Keimlinge und Sprossen! Dank auch an Himla, R.O.O.M und Blås & Knåda für die schönen Leihgaben.

Und schließlich geht mein Dank an Henrik, Malva, Ellen und Olle: eine tapfere Familie, die sich durch alle meine Gerichte probiert hat – wieder und wieder. Und die mitunter keinen Platz in der Küche gefunden hat wegen all der in verschiedenen Stadien sprießenden Sprossen.

QUELLEN

Studies on protein quality in legumes with special reference to factors interfering with protein utilization and digestibility of brown beans (Phaseolus vulgaris L). Dissertation von Monika Löwgren, Universität Uppsala, 1988.

Nutritional changes in seeds during germination – with focus on product development. Karin Jonsson, Technische Hochschule Chalmers, Göteborg, 2010.

Nutrition, sensory, quality and safety evaluation of a new speciality Produce: Microgreens. Dissertation von Zhenlei Xiao, University of Maryland, 2013.

History of Soy Sprouts. William Shurtleff und Akiko Aoyagi, Soyinfo Center, Lafayette, California, 2013.

Råd om mat för barn 0–5 år – vetenskapligt underlag med risk- eller nyttovärderingar och kunskapsöversikter. Statens Livsmedelsverk [Schwedische Behörde für Lebensmittelsicherheit], Rapport 21/2011.

Råd om mat för barn 0–5 år – hanteringsrapport som beskriver hur risk- och nyttovärderingar, tillsammans med andra faktorer, har lett fram till Livsmedelsverkets råd. Statens Livsmedelsverk [Schwedische Behörde für Lebensmittelsicherheit], Rapport 22/2011.

Bibliographische Information der Deutschen Nationalbibliothek

Die Deutsche Nationalbibliothek verzeichnet diese Publikation in der Deutschen Nationalbibliografie; detaillierte bibliografische Daten sind im Internet über http://dnb.d-nb.de abrufbar.

 BLV Buchverlag GmbH & Co. KG
80636 München

Deutschsprachige Ausgabe
© 2017 BLV Buchverlag GmbH & Co. KG, München

Titel der Originalausgabe:
GRODDAR SKOTT & MIKROGRÖNT
First published by Bonnier Fakta, Stockholm, Sweden

Text © 2016 Lina Wallentinson
Fotos © 2016 Lennart Weibull
Copyright Foto S. 9 Eva Hildén
Design und Layout © 2016 Pernilla Qvist

Umschlaggestaltung: BLV Buchverlag, München

Lektorat dt. Ausgabe: Stella Rahn
Übersetzung: Inga Nevermann-Ballandis
Herstellung dt. Ausgabe: Hermann Maxant

Printed in Lettland
ISBN 978-3-8354-1720-5

 www.facebook.com/blvVerlag